ESSAIS

SUR

L'Histoire de la Ville d'Oloron

PAR

MAURICE MARQUE

ARMES PRIMITIVES D'OLORON

(Sculpture sur pierre)

OLORON
IMPRIMERIE C. MARQUE
22, rue Chanzy, 22

1928

ESSAIS

SUR

L'Histoire de la Ville d'Oloron

ESSAIS

SUR

L'Histoire de la Ville d'Oloron

PAR

MAURICE MARQUE

OLORON
IMPRIMERIE C. MARQUE
22, rue Chanzy, 22

1928

PREFACE

L'essai sur l'histoire d'Oloron que l'on va lire est intéressant à tous les points de vue, car il présente en raccourci la chronologie des principaux événements se rattachant à l'existence de la vieille cité béarnaise.

« Cinquante-huit ans avant Jésus-Christ, une armée romaine, venue d'Espagne, traversa les Pyrénées à Somport et, par la vallée d'Aspe, envahit nos contrées. » Ainsi débute notre chroniqueur oloronais qui s'est attaché à recueillir dans les archives de la ville et dans les auteurs qui ont écrit sur le Béarn ce qui concerne le passé, si mouvementé et, parfois, si tragique, du vieil Iluro, ville mentionnée dans l'itinéraire d'Antonin. Maurice Marque nous fait connaître les fors et les privilèges dont jouissaient ses habitants, et sa plume alerte nous conduit jusqu'à l'an 1704. Notre ami était bien qualifié pour cette étude, car, en 1900, il avait déjà publié « Le Cartulaire d'Oloron », précédé d'une introduction où l'on trouve les éléments qui ont servi de point de départ à son essai historique. Sous forme *de feuilleton, Maurice Marque avait également donné au « Glaneur d'Oloron » un aperçu historique sur* la Révolution à Oloron, *et* Sainte-Marie sous la Terreur. *L'essai actuel s'arrêtant à 1704, la lacune à combler tentera sans doute quelque ami du vieil Iluro et du Béarn. Maurice Marque a fait de véritables trouvailles dans les archives, mais la mort l'a surpris sans lui permettre d'achever son œuvre.*

Maurice Marque naquit en 1825. Il prit, en 1860, la direction du « Glaneur d'Oloron » dont la fondation remonte à 1833. De son imprimerie sortit, en 1864 et 1869, un ouvrage en deux volumes, bien connu des bibliophiles, intitulé: La chronique du Diocèse et du Pays d'Oloron, *par l'abbé Menjoulet, où Maurice Marque a trouvé de précieux éléments comme aussi dans Marca, Faget de Baure, Mazure, Poeydavant et tant d'autres auteurs qui ont écrit sur le Béarn.*

Maurice Marque mourut en 1917, à l'âge de 92 ans, remplissant sans faiblir, jusqu'à ses derniers moments, les fonctions de bibliothécaire de la ville. Son fils et ses amis ont pensé que son œuvre méritait d'être conservée.

F. B.

CHAPITRE PREMIER

Cinquante-huit ans environ avant notre ère, une armée romaine, tirée d'Espagne, traversa les Pyrénées à Somport et, par la vallée d'Aspe, envahit nos contrées.

Jusque-là, les efforts des Romains, vainqueurs du reste de l'Aquitaine, s'étaient toujours brisés contre la résistance opiniâtre que les populations pyrénéennes opposaient à leur domination.

Le courage et le patriotisme des Béarnais ne purent pas résister davantage au nombre et à la discipline des cohortes aguerries des conquérants des Gaules. Ils durent enfin se soumettre au joug des envahisseurs et renoncer à leur autonomie.

Sur un point admirablement choisi, coteau escarpé, d'où la vue s'étendait à la fois sur une vaste plaine et sur les montagnes qu'ils venaient de traverser, les Romains rencontrèrent Iluro, qu'ils entourèrent de fortes murailles.

Inaccessible de trois côtés, par sa situation au confluent des gaves d'Aspe et d'Ossau, cette ville conservait aux Romains, du côté du Midi, de faciles relations avec la vallée par où ils étaient venus et, par conséquent, avec l'Espagne, d'où ils pouvaient tirer des secours. Elle devint leur sentinelle avancée, destinée à surveiller le pays et le maintenir dans l'obéissance.

Dans l'intérêt de leur politique, les Romains respectèrent la religion, les mœurs, les lois locales du pays, et, sous la surveillance d'un magistrat appelé Duumvir, les populations oloronaises purent vivre dans une sphère de liberté et d'activité relatives.

Chef-lieu d'une région importante qu'on appelait la Civitas, Oloron reçut, comme les autres villes principales des cités romaines, une organisation municipale où furent admis les personnages marquants du pays.

Ce système, que les Romains appelaient démocratique, avait pour eux le double avantage de leur attacher les notables du pays conquis, en leur attribuant une part de responsabilité dans l'administration, et de s'attirer par ce moyen la confiance des populations.

Sous ce régime, Iluro se développa rapidement. Les relations qu'elle lia soit avec l'Espagne, soit avec les autres cités de l'Aquitaine, en firent bientôt une place commerciale de grande importance, tandis que sa situation au débouché de la vallée d'Aspe en faisait, de ce côté, la clef des Pyrénées.

Durant cinq siècles, le pays d'Oloron vécut sous la puissance romaine, domination qui paraît n'avoir eu rien de violent et qui introduisit dans nos contrées la civilisation presque raffinée de Rome, avec ce goût du luxe et des plaisirs qu'elle portait dans les pays où s'étendait son empire.

De riches, d'élégantes villas, dont on a retrouvé maints vestiges, s'élevèrent dans les ravissants paysages qui entouraient Oloron, et il est hors de doute qu'elles furent souvent le théâtre de fêtes brillantes, qui modifièrent sensiblement les habitudes simples et primitives des populations béarnaises.

Le christianisme, qui dut pénétrer en Béarn vers le IVe siècle, vint apporter des changements profonds dans les mœurs publiques issues de la civilisation romaine. Sous l'influence des prédications d'apôtres envoyés pour évangéliser nos contrées, le culte ancien se fondit peu à peu dans la religion du Christ, qui promettait aux peuples la liberté, en même temps qu'elle préconisait les grandes idées d'humanité et de charité.

Vers le V^o siècle, on trouve à Oloron un évêché occupé par Gratus, qui passe pour avoir été le premier évêque de cette cité. Il y a lieu de croire cependant que ce siège épiscopal avait été occupé avant lui.

Ce Gratus, qui n'a laissé aucune trace dans l'histoire du pays, dont on ne connaît aucun acte, sinon qu'il assista, en 506, au Concile d'Agde, a été mis au rang des saints, et, quoique évêque d'Oloron, est devenu le patron de la ville de Sainte-Marie, qui n'existait point en ce temps-là.

Sous les coups d'ennemis nombreux et puissants qui l'attaquèrent de toutes parts, en Italie et dans la Gaule, le pouvoir romain croula et disparut de nos contrées. Avec lui disparut aussi la sécurité dont Oloron et le Béarn avaient joui durant sa longue domination. Soumis au pouvoir des Francs par Clovis, ballotté en sens divers pendant les guerres interminables que se livrèrent entre eux ses héritiers, se disputant les provinces de l'Empire, le Béarn, dont Oloron partagea toujours les fortunes changeantes, perdit pour longtemps la paix et la tranquillité. Les Francs, cependant, n'occupèrent point le Béarn, et l'administration de cette contrée les laissa indifférents. De sorte qu'Oloron, comme les autres localités du pays, put continuer de s'administrer selon les lois romaines, fondues avec les usages locaux.

Mais au moment où l'on entrevoyait une ère d'apaisement, une tourmente formidable s'abattit sur le pays.

Pl. I. — L'Église de Sainte-Croix (xiie siècle) avant sa restauration.

En 732, une partie de l'armée des Maures d'Espagne, marchant à la conquête de la France, pénétra par la vallée d'Aspe en Béarn et saccagea Oloron.

En 841, les pirates du Nord envahirent la France de toutes parts et, à la faveur de l'anarchie qui désolait le royaume, attaquèrent et pillèrent les villes, même les plus importantes. Ils pénétrèrent ainsi en Gascogne et en Béarn et ruinèrent Bazas, Aire, Lectoure, Acqs, Tarbes, Bayonne, Beneharnum, qui était alors la capitale du Béarn, et Oloron.

Deux ans plus tard, en 843, les mêmes barbares envahirent de nouveau nos contrées et, cette fois, Oloron fut dépeuplé et complètement détruit.

CHAPITRE II

Au commencement du XIe siècle, Centulle II, dit Le Vieux, souverain de Béarn, créa la vicomté d'Oloron, qu'il détacha de son domaine pour faire à son bâtard, Aner-Loup, une situation digne d'un prince béarnais. Il stipula toutefois qu'à la mort de celui-ci la dite vicomté retournerait à ses souverains légitimes.

Aner-Loup se fit bien construire un château sur les hauteurs de la ville morte; mais comme il n'était ni assez riche, ni assez puissant pour la relever de ses ruines et lui rendre sa vie d'autrefois, il régna sur un pays presque désert.

Ce ne fut que deux cent quarante ans après sa destruction que Centulle IV, vicomte et souverain du Béarn, comprenant l'importance de sa position, la releva de ses ruines. Grâce aux franchises, aux privilèges qu'il leur offrit, il parvint à y attirer bientôt de nombreux habitants (1).

---

(1) Sept habitants de la ville de Canfranc furent les premiers à répondre à l'appel de Centulle.

Ces franchises et ces privilèges furent délibérés et rédigés, d'un commun accord, par le vicomte et la population nouvelle assemblés, et furent consignés dans une charte, ou for, comme on appelait alors la législation du pays. Ensuite, « la main droite sur les Saints Evangiles et la Croix de Notre Seigneur Jésus-Christ », Centulle jura, pour lui et ses successeurs, d'observer, de respecter fidèlement ces conventions. Les nouveaux Oloronais, à leur tour, jurèrent de la même façon de s'y conformer exactement.

Cette charte établissait d'une manière précise et claire les droits et les devoirs réciproques entre le souverain, qui voulait ressusciter une ville nécessaire, par sa situation, à la défense et à la sécurité de ses Etats, et des citoyens qui, attirés par des promesses généreuses, consentaient à repeupler cette ville et à seconder ses vues. Elle fut, de plus, le point de départ d'une législation toute libérale, qui s'étendit à tout le Béarn, par les fors octroyés bientôt après, par le même Centulle IV, soit à Morlàas, soit aux trois vallées d'Ossau, d'Aspe et de Barétous.

Par cette charte, les Oloronais deviennent propriétaires, non seulement de la ville, mais de tout le territoire s'étendant entre et y compris Bidos et Goès. Centulle les leur abandonne, exempts de tout cens et devoir comme étant son bien personnel. Il leur donne, en outre, le droit de pacage sur les terres cultes et incultes de Soeix, Eysus, Arros, comme aux habitants de ces localités. De plus, d'accord avec En Bernard Guillem d'Escot, les seigneurs de Lagor et de Luxe, propriétaires du Gabarn et Bager, il leur donne également droit de pacage dans toute l'étendue du Gabarn, avec celui de prendre dans le Bager le bois nécessaire à leurs besoins. Ils peuvent librement vendre leurs maisons et leurs terres, acheter les terres de leurs voisins, avec le consentement toutefois de leurs seigneurs. Ils peuvent vendre, acheter, transporter des marchandises, quelles qu'elles soient, sans payer des droits d'aucune sorte. Ils sont exonérés de tout service militaire, sauf dans les cas suivants : invasion du territoire, prise d'un château fort appartenant au vicomte, détention de celui-ci dans une forteresse.

Si un étranger vient s'établir à Oloron et y réside un an et un jour, sans qu'il soit réclamé par son seigneur, il sera considéré comme citoyen (Besii) d'Oloron et défendu par le vicomte.

Si quelque contestation se produit entre des habitants et le vicomte, celui-ci la fera juger par sa cour, en les déchargeant de tous frais de justice, même de son sceau.

Tout voisin ou passant que le vicomte arrêterait serait de plein droit mis en liberté si un habitant d'Oloron le cautionne.

Pl. II. — L'Église de Sainte-Croix.

Dans le cas où le bayle ou quelqu'un de sa suite aurait à se plaindre d'un homme de la ville, celui-ci ne sera justiciable que de la juridiction du vicomte.

Dans un litige, même avec le vicomte, il ne pourra être attiré, pour être jugé, hors de son ressort.

A ces avantages si considérables se joignent encore d'autres immunités comme n'en possédait, à cette époque, aucun autre peuple; ce qui faisait des Oloronais des hommes *francs*, sans tache d'*aucune servitude*.

Les droits des habitants ainsi réglés, ceux du vicomte furent établis de la manière suivante :

Il se réserve pour lui et son viguier le droit de justice.

Pendant tout le mois de mai, il pourra, avant qui que ce soit, faire vendre le vin et la *pomade* provenant de ses redevances, au plus haut prix courant.

Il pourra faire reposer dans la ville, pendant trois jours, son armée revenant d'expédition.

Celui qui, dans l'enceinte des murs, assaillira quelqu'un avec arme paiera soixante-six sous d'amende; s'il le blesse, il lui paiera dommage.

Celui qui en battra un autre paiera six sous.

Si un homme est surpris en adultère, il sera promené, avec la femme, sans vêtements, dans les rues de la ville.

Condamnation à une amende de neuf cents sous Morlàas, tout étranger qui violerait la sauveté (*sauvetat*) que Centulle accorde à la ville d'Oloron.

Le vicomte exigea que cent Ossalois, représentant la vallée d'Ossau, et cent Aspois, représentant la vallée d'Aspe, jurassent de respecter cette sauveté. C'était là — paraît-il — alors, une précaution nécessaire.

Tels sont les principaux articles de cette magnifique charte de repeuplement.

Les souverains de Béarn qui succédèrent à Centulle IV se montrèrent fidèles au serment prêté par celui-ci et qui les engageait eux-mêmes. Aussi furent-ils toujours soigneux, dès leur avènement, de confirmer le for primitif et, à mesure que, par le temps, se développaient les besoins des Oloronais, d'y ajouter les améliorations nécessaires et de nouvelles franchises.

Au libéral et sage Centulle IV succéda son fils Gaston IV, dont le long règne fut illustré par sa participation à la première croisade, où il se distingua, dans plusieurs batailles, à côté des Raymond de Saint-Gilles et des Tancrède. Il alla ensuite combattre les Maures en Espagne, ce qui ne l'empêcha pas de s'occuper sérieusement de l'administration de ses

Etats de Béarn (1). Il ordonna de façon bien précise les divers fors institués par son père et accorda à la ville d'Oloron des privilèges nouveaux qui lui permirent d'élargir son commerce naissant avec l'Espagne et qui s'étendit bientôt aux provinces soumises à la suzeraineté des vicomtes béarnais.

Ce fut à cette époque qu'apparut en Béarn, apportée par les soldats revenus de la croisade, une calamiteuse maladie, la lèpre.

Elle s'étendit rapidement dans tout le pays, malgré les efforts de Gaston pour en empêcher la propagation. Il fit construire dans des lieux complètement isolés des maisons spéciales où l'on reléguait ces malheureux. Oloron eut la sienne, située tout au fond d'un terrain désert, dans lequel on traça plus tard la rue *La Caussade*. Cette maison fut appelée *Maysou deus Mésets*, et par la suite des *Cagots*.

Gaston IV trouva la mort en Espagne, sur le champ de bataille, en 1131. Il fut remplacé par son fils Centulle V, qui, trois ans après, en 1134, alla se faire

---

(1) Le clergé béarnais sut largement profiter de ces belliqueuses entreprises. A l'affût, comme du reste le clergé en général, des occasions d'acquérir du bien, il achetait à vil prix les biens des gentilshommes accompagnant leur souverain. Une dîme, une terre importante, ne lui coûtait souvent qu'un cheval de bataille (Faget de Baure, *Histoire du Béarn*).

tuer comme son frère en combattant contre les Maures d'Espagne. Il n'avait pu que confirmer les dispositions législatives de ses prédécesseurs.

De 1134 à 1173, le Béarn fut le théâtre d'événements politiques qui, sans rien toucher à la constitution du pays, amenèrent cependant un changement de dynastie.

Gaston VI, fils d'une princesse béarnaise, répudié pour avoir assujetti l'indépendance du pays au pouvoir du roi d'Aragon, et de Guilhaume, comte de Moncade, Gaston VI devint, par le choix et la volonté du peuple, seigneur souverain de Béarn, commençant ainsi la dynastie des Moncade.

Pl. III. — La Tour de Grède et la vieille maison en dépendant, destinées au Musée.

CHAPITRE III

Gaston VI fut un excellent prince. Il s'attacha particulièrement à l'administration de ses Etats, qu'il agrandit considérablement, sans se laisser entraîner, comme ses prédécesseurs, à aller guerroyer contre les Maures d'Espagne. Mais s'il sut résister à la tentation de prendre part à des expéditions où deux de nos souverains avaient trouvé la mort, il ne put s'empêcher, en 1213, de se joindre au roi d'Aragon et au comte de Toulouse pour combattre le fameux Simon de Montfort dans la guerre contre les Albigeois.

Avec ses alliés, Gaston fut battu. De plus, il fut excommunié. Il le fut même doublement parce que ses soldats avaient, volontairement ou involontairement, mis le feu à la sacristie de l'église de Sainte-Marie, cathédrale de l'évêque d'Oloron. Et lorsque, quelque temps après, Gaston voulut rentrer dans le giron de l'Eglise, ce prélat, chargé par le pape Innocent III de recevoir sa soumission, la lui fit payer chèrement. Il dut, malgré que les fors le lui défendissent (1), lui abandonner la seigneurie de Sainte-Marie de Catron, avec celle de Moumour et la dîme de Sauveterre. Depuis lors, et jusqu'à la Révolution de 1789, les évêques d'Oloron jouirent et usèrent des droits féodaux attachés à leur qualité de seigneur. Ils distribuaient à leurs vassaux (sosmés) la justice, leur nommaient leurs jurats, les représentaient aux Etats, etc.

Gaston étant mort sans enfant, en 1215, son frère Guilhaume Raymond lui succéda. Il s'occupa beaucoup de la législation du Béarn, qu'il fit rédiger et ordonner d'une façon plus régulière que ne l'avait fait Gaston VI, ce qui lui valut le titre de Législateur. Il mourut, en 1223, à Oloron, au milieu de ses travaux.

Son fils, Guilhaume II, ne compte guère comme souverain de Béarn, où il ne fit que de courtes apparitions. Il résida presque toute sa vie en Aragon et fut tué, en 1228, au siège de Majorque.

Gaston VII, en bas âge lors de la mort de son père Guilhaume II, hérita de ses Etats, sous la tutelle et la régence de sa mère Garsande. Tantôt ami et allié des Anglais, dont il reçut des sommes considérables,

---

(1) Es a saber que lo senhor de Béarn, de la terre de la senhorie de Béarn no deu bener, ni alienar ni otro de la sue bite, dar. Asso de jurar (*Fors de Béarn,* rubrique CXXXIV, art. 353).

tantôt leur ennemi acharné, tour à tour battu par eux ou leur infligeant des défaites sanglantes, souvent en guerre avec les grands barons, ses voisins, Gaston, malgré tout, rendit le Béarn florissant et redoutable.

Ce fut sous son règne que se produisit à Oloron, en 1287, un événement qui compte glorieusement dans les annales de la vieille cité.

Ayant, enfin, conclu la paix avec le roi d'Angleterre, Edouard Ier, Gaston, à la demande de ce monarque, intervint pour obtenir une entrevue du jeune roi d'Aragon, Alphonse III, dont il désirait se faire un solide allié en lui donnant sa fille en mariage. La ville d'Oloron, offerte par Gaston, fut acceptée par les deux souverains pour lieu de leur rencontre, et, dans les premiers jours du mois de septembre 1287, le roi d'Angleterre, accompagné de la reine, de la princesse sa fille et d'une nombreuse et brillante suite de gentilshommes et de belles dames, fit son entrée dans cette ville. Le roi d'Aragon, de son côté, suivi de nombreux ricombres, somptueusement équipés, franchissant les Pyrénées, se rendit, par la vallée d'Aspe, au rendez-vous indiqué. Le château vicomtal (1), que Gaston avait fait préparer pour la circonstance, reçut les souverains et leur suite, qui trouvèrent chez les

---

(1) MARCA, *Histoire du Béarn*.

riches bourgeois et négociants de la cité et du faubourg (Saint-Pierre) une hospitalité généreuse et empressée.

Des fêtes brillantes, organisées par le roi d'Angleterre, eurent lieu et durèrent une dizaine de jours. Puis on parla du projet de mariage conçu par Edouard. Les accords n'offrirent aucune difficulté, car la jeune princesse anglaise plaisait fort au prince espagnol, qui, de son côté, avait su gagner les bonnes grâces de cette princesse. Les fiançailles eurent donc lieu avec une pompe toute royale et furent le motif de nouvelles et grandioses fêtes, offertes par le roi d'Aragon, qui ne voulait point être en reste de courtoisie et de magnificence à l'égard du roi d'Angleterre.

Il fit dresser au milieu de la place (Saint-Pierre) une vaste arène entourée de tribunes et d'estrades, où, sous les yeux éblouis, émerveillés, d'innombrables spectateurs accourus de tous les points de la contrée, se déroulèrent de brillants tournois, des passes d'armes courtoises, des joutes de toutes sortes, ayant pour acteurs les géntilshommes anglais, espagnols, béarnais, se disputant avec ardeur, mais courtoisement, les applaudissements des dames et des princes. Aux joutes guerrières sucédaient les bals et les danses du pays, au son des galoubets et des tambourins, entrecoupés naturellement par de nombreux et somptueux banquets.

Ces splendides fêtes durèrent un mois. Quand elles furent terminées, Edouard se souvint enfin qu'il était chargé d'une mission de grande importance. Il avait promis au roi de France, Philippe le Bel, de négocier avec le roi d'Aragon la mise en liberté de son oncle, Charles d'Anjou, que le père d'Alphonse, Don Pèdre III, avait détrôné du royaume des Deux-Siciles et emmené prisonnier à Barcelone, où il se trouvait encore.

A la suite de plusieurs entretiens, Alphonse consentit à rendre la liberté au prince français moyennant le paiement de cent mille marcs d'argent, la remise comme otages de ses trois enfants et de vingt personnes de considération. Le roi d'Angleterre promit d'avance l'argent, mais Alphonse, aussi méfiant que peu généreux, exigea la caution de Gaston VII (1).

Puis les souverains regagnèrent leurs Etats respectifs, et Gaston, après un règne de soixante ans, alla mourir, en 1290, en son château de Sauveterre, non sans se souvenir encore d'Oloron. Par son testament, il légua à la cathédrale les fonds nécessaires pour une chapelle et cinq cents sols à la ville.

Ce fut également sous ce prince, et sans doute par sa volonté, que les frères mineurs de Saint-François

---

(1) MARCA, *Histoire du Béarn*..

étaient venus, vers 1274, s'établir à Oloron. Il fit construire pour eux, du côté ouest de la ville et au-dessus des remparts, la maison qu'on appela le Couvent des Cordeliers, qui devint après la Révolution un petit séminaire, et est aujourd'hui, par suite de la loi de séparation, propriété départementale.

CHAPITRE IV

Gaston VII, n'ayant pas d'enfant mâle, avait désigné, avec l'assentiment des Etats et des barons, son gendre, Roger Bernard, comte de Foix, pour lui succéder. Ce nouveau vicomte, qui ajoutait son comté de Foix au Béarn, s'empressa de se rendre à Oloron pour reconnaître et confirmer les fors de Centulle et, par une nouvelle Charte de 1290, il donnait aux habitants d'Oloron le droit d'étendre les privilèges dont ils jouissaient en Béarn jusqu'en ses comtés de Foix et de Castelbon, ainsi que dans tous les autres pays de sa suzeraineté. Il mourut vers 1311 et eut pour successeur Gaston VIII, son fils, marié à Jeanne d'Artois, fille de Robert, comte d'Artois et nièce de saint Louis, et dont le règne n'offre rien de saillant. Il mourut à Pontoise en 1316.

Gaston IX, son fils, à peine âgé de 15 ans, lui succéda et se maria avec Eléonore de Comminges, beaucoup plus âgée que lui. Il s'occupa sérieusement de l'administration de ses Etats, et la ville d'Oloron lui doit la réglementation de ses marchés. Il désigna la place « *dabant la glisie de Sente Crots* » pour y tenir exclusivement le marché des grains, où les habitants de la ville pouvaient s'approvisionner, avec défense toutefois d'acheter pour revendre. Les autres marchandises devaient se grouper autour du château pour la commodité des acheteurs. Les jurats furent invités à choisir, pour l'installation des boucheries, des postes bien à la portée des clients, et, afin d'éviter les incendies, d'éloigner autant que possible les forges des habitations. Gaston institua en Béarn les fonctions de sénéchal, chargé de rendre la justice en son nom. Ce magistrat eut dans chaque ville un représentant, nommé juge du sénéchal.

Oloron eut le sien. Pendant son long règne de vingt-sept ans, ce prince, quoique presque toujours absent du Béarn, ne cessa de donner à la ville d'Oloron des témoignages de sollicitude. Il périt, en 1343, au siège d'Algésiras.

Le prince qui succéda à Gaston IX fut son fils, ce Gaston Phébus dont le nom est resté si populaire en Béarn et dont la renommée s'étendit à toute l'Europe. La postérité, quelquefois injuste, a oublié ses crimes pour ne se souvenir que des brillantes qualités dont la nature l'avait doué, de son faste, qui en fit le *Roi Soleil* du Béarn, de sa bravoure, de sa puissance et de

Pl. IV. — Tour de Grède : projet de restauration (H. Geisse).

la large et courtoise hospitalité que tous, princes, gentilshommes, écrivains, poètes, artistes, recevaient dans son magnifique château d'Orthez.

Cependant, les fêtes somptueuses qu'il donnait, ses chasses grandioses, ses guerres fréquentes et toujours heureuses, n'empêchèrent point Gaston de s'intéresser sérieusement à l'administration de ses Etats.

Ayant été informé que les fortifications d'Oloron avaient subi, par le temps, de notables dégradations, et appréciant grandement l'importance de cette place, il se rendit sur les lieux aussitôt. Il fit dresser un état des réparations à faire et prit les dispositions nécessaires pour les faire exécuter sans retard.

Par une charte rédigée en la salle de la Maison commune, le 3 mai 1346, et signée « Phébus », il prescrit aux habitants d'Oloron et des communes circonvoisines (*deus vialers circumtants*), composant alors le parsan, de coopérer, sous la surveillance et la direction du bayle et de commissaires nommés par lui, à cette restauration. Il indique, d'après l'importance de leur population, le nombre d'hommes que chacune d'elles doit fournir. Ainsi, la communauté de Buziet devait envoyer deux hommes ; celle de Herrère, deux hommes ; d'Escout, deux hommes ; d'Estialescq, deux hommes ; de Précilhon, deux hommes ; de Goès, deux hommes ; d'Estos, un homme ;

de Lédeuix, deux hommes; de Berdets, deux hommes; de Poey, deux hommes; de Saucède, deux hommes; de Légugnon, deux hommes; de Anhos, deux hommes; de Gurmençon, deux hommes; d'Arros, un homme; d'Asasp, deux hommes; de Lurbe, deux hommes; d'Eysus, deux hommes; de Soeix, un homme, et de Bidos, un homme. Cette charte indiquait en outre la quantité de travail que chacune d'elles devait exécuter, ainsi que les frais, calculés dans de justes proportions, qui leur incombaient. Et elles ne pouvaient se soustraire à ces diverses obligations, car le bayle et les commissaires avaient pouvoir de les y contraindre par des moyens coercitifs. Ajoutons que ces derniers s'étaient engagés par serment envers le souverain d'avoir terminé les travaux à la Toussaint (Martéroo).

Une autre charte, datée aussi d'Oloron du 13 septembre 1369 et signée « Gaston » ajoute encore à ces diverses obligations. Elle porte que, pour le profit et l'honneur du souverain et la sécurité du pays (*per nostre profieyt, honor et la cause publica deu dit loc d'Oloron*), les communes susnommées sont tenues de fournir à tour de rôle les hommes nécessaires pour faire le guet, nuit et jour, dans les guérites (*agachius*) des remparts, et cela sous peine de cent livres morlàas d'amende.

Enfin Gaston X autorisa les habitants d'Oloron à se construire des fours dans leurs maisons pour cuire leur pain comme ils l'entendraient.

Contrairement à la volonté de Gaston, qui, ne laissant pas d'héritier direct, avait désigné pour lui succéder Yvain, son fils naturel, qu'il chérissait tendrement, le peuple béarnais lui préféra son neveu, Mathieu de Castelbon. Ce prince justifia pleinement le choix des Béarnais. Par de sages règlements, il s'efforça de ramener la justice à l'esprit des fors, tout en y introduisant diverses novations devenues indispensables, et prit des mesures pour s'opposer aux lenteurs de la procédure, qui commençaient à s'introduire d'une manière alarmante.

Il se rendit à Oloron en 1391, où, en la salle de la maison commune, en présence de la communauté (*Bésiau*), il confirma solennellement les fors, les privilèges, droits (*los foos, doatius, gracies, drets y leys*), concédés aux Oloronais par ses prédécesseurs et jura de les maintenir et les faire respecter.

Mathieu mourut, en 1398, sans enfant, laissant pour héritière sa sœur Elisabeth de Foix.

Cette princesse était mariée à Archambault de Grailly ; celui-ci fut donc reconnu souverain de Béarn. Leur règne, qui ne fut troublé par aucun événement important, fut cependant fécond pour le pays.

L'un des premiers actes du nouveau souverain fut de créer (*en nostre nobet advenimen*t), à la demande des jurats, gardes et communauté d'Oloron, les deux foires qui subsistent encore aux mêmes dates de leur création (1er mai et 8 septembre). Il leur fixa une durée de quinze jours chacune, pendant lesquels, dit la charte, datée du château de Pau, le 11 décembre 1398, toutes personnes, de quel pays et condition qu'elles soient, peuvent aller, venir, rester, acheter, vendre, échanger franchement, tranquillement (*quieti*), sans payer ni droits d'entrée, ni de passage, ni autres d'aucune sorte. Sans même pouvoir, pendant la durée de la foire, et dans l'étendue du baillage d'Oloron, poursuivre, saisir quiconque, ni en corps, ni en biens, pour raisons de dettes contractées en affaires. A tous ces avantages, Archambault en ajouta d'autres qui firent de ces foires un champ de faciles transactions et dont la réputation s'étendit bientôt dans les provinces voisines et jusqu'à une grande partie de l'Espagne.

Pl. V. – Tour de Grède : Projet de restauration (F. B.)

CHAPITRE V

A la mort d'Archambault, qui arriva en 1416, sa femme Elisabeth gouverna le Béarn jusqu'en 1426. Sous son règne, le pays jouit d'une tranquillité parfaite. Mais aucun changement notable, du moins en ce qui concerne Oloron, ne se produisit dans l'ordre des choses établies. Il en fut de même sous son fils, Jean Ier, qui lui succéda en 1426. Ce prince, l'un des plus nobles et des plus valeureux des vicomtes béarnais, qui joua dans les événements de son temps un rôle considérable, fut trop occupé hors de ses Etats pour donner à leur administration l'attention nécessaire. Aussi, laissa-t-il à son fils, Gaston XI, grandement à améliorer.

La vieille cité oloronaise, pour ne parler que d'elle, se trouvait depuis plusieurs années dans un état complet de décadence. Sa situation escarpée et de difficile accès se prêtait de moins en moins à son commerce, qui grandissait et se développait chaque jour davantage, soit avec l'Espagne, soit avec les provinces du

Midi de la France, et les gens qui s'y livraient s'accroissant de plus en plus, se trouvant gênés entre les vieux remparts, avaient cherché des lieux plus vastes, plus commodes, plus favorables à leurs affaires. C'est ainsi que se forma, d'abord, petit à petit, le faubourg Las Bordes, nommé plus tard Prat de Saint-Pé ou Place Saint-Pierre. Mais ce faubourg, devenu lui-même insuffisant, la population se porta vers le bas de la colline, sur la rive droite du gave d'Ossau, et fonda le quartier du Marcadeig (nommé ainsi d'un marché qu'on y laissa établir) et acquit rapidement une réelle importance.

D'autre part, la petite ville de Sainte-Marie, située au milieu d'une plaine et de paysages fort plaisants, résidence de l'évêque d'Oloron, attirait ainsi à elle nombre de gens cherchant leurs aises, au détriment encore de la vieille ville, qui se trouva, vers l'année 1438, sous la menace d'être bientôt totalement abandonnée.

Dans ces déplorables conjonctures, les jurats adressèrent à Gaston XI leurs amères doléances. Et ce prince, qui, comme ses prédécesseurs, tenait la ville d'Oloron en grande considération, désigna aussitôt son secrétaire Joannet de Caresse pour se rendre un compte exact de la situation dépeinte par les jurats.

Le délégué de Gaston constata, en effet, que, sur

la totalité des maisons, une centaine environ, qui composaient la ville, trente-sept seulement avaient conservé leurs habitants, vingt-cinq n'étaient pas bien habitées, ayant besoin de sérieuses réparations, et, enfin, trente-neuf autres, dont plusieurs inhabitées depuis longtemps, s'étaient écroulées et se trouvaient complètement désertes.

Touché de la triste situation « *deudit borg*[1] », dont il tenait les fortifications comme « *ben fortes et notables et grandament hondran et decoran le paiis de Béarn, et que la poblation dequet et util et necessari* ». Gaston, par une charte donnée à Morlàas, le 17 février 1438, ordonna : 1° que ceux qui habiteraient la cité seraient affranchis pendant quarante ans de toute taille et autre impôt ; 2° que les propriétaires des maisons abandonnées seraient requis de reconstruire celles qui étaient tombées et réparer les autres ; 3° que s'ils ne le faisaient pas dans l'espace de quatre ans, leurs maisons ou leurs emplacements seraient vendus au plus offrant et dernier enchérisseur (*aus plus et darrers offerents*), et si ceux-ci ne bâtissaient pas eux-mêmes, les jurats s'empareraient des lots aux prix des enchères et les donneraient à qui prendrait l'engagement de les reconstruire et de les habiter.

Grâce à ces sages mesures, la cité se repeupla et revint à la vie, sans nuire au développement et à la vie des autres quartiers.

La sollicitude de Gaston XI pour la ville d'Oloron eut encore l'occasion d'être grandement utile à son commerce, qui subissait en ce moment un contretemps fort préjudiciable.

De temps immémorial, les relations commerciales d'Oloron avec l'Espagne reposaient sur des conventions bien établies, acceptées et, jusque-là, observées honnêtement par les deux pays. Ainsi les droits de douane, payés à Canfranc, par les Oloronais, pour les marchandises qu'ils introduisaient dans la Péninsule, étaient peu élevés et n'étaient exigibles que tous les sept ans. Tout à coup, depuis déjà quelques années, les Canfranquais, autorisés par le roi d'Aragon, et sans s'être concertés avec nos négociants, élevèrent leurs tarifs et exigèrent le paiement des droits sans aucun délai.

Cette mesure arbitraire et peu loyale causait à nos négociants des pertes considérables et portait à leurs affaires une perturbation.

Informé de cet état de choses, Gaston XI autorisa la ville d'Oloron à majorer, à son tour, les droits sur les nombreux produits que l'Espagne fournissait à nos industries. Ce relèvement de droits se justifiait d'ailleurs par l'obligation où se trouvait la ville d'Oloron d'entretenir en bon état la route d'Aspe, d'Oloron à la frontière, ce qui devenait très onéreux pour la ville,

Pl. VI. — La rue de la Justice, ancien corps de garde.

lorsque les droits de douane n'y suffisaient pas. Ces droits étaient perçus à la porte *det Saut* (d'Etsaut), propriété de la ville d'Oloron. Cette curieuse charte, datée d'Ayre, le 24 juin 1471, et signée « Gaston », est suivie de la nomenclature des articles d'importation soumis au nouveau tarif.

C'est sous Gaston XI que la ville d'Oloron reçut la visite de Louis XI, roi de France, appelé à Bayonne pour tâcher de concilier les prétentions opposées du vicomte et du roi d'Aragon au trône de Navarre. Ce monarque français décida de se rendre à Sarrance pour faire ses dévotions à Notre-Dame, dont la réputation était arrivée jusqu'à lui. On sait que, superstitieux autant que perfide, cruel et vindicatif, il affectait pour la Sainte Vierge une grande vénération. Au retour de ce pèlerinage, il s'arrêta à Oloron et logea dans un corps de bâtiment dépendant du palais du sénéchal, bâtiment disparu depuis seulement une soixantaine d'années pour se fondre avec la prison actuelle.

Gaston, qui avait rejoint le roi de France à Bayonne, lui fit magnifiquement les honneurs de ses Etats, puis il l'accompagna jusqu'à Toulouse.

Le règne de Gaston fut brillant et fécond. Brave, généreux, loyal, aimant la justice, il sut toujours faire respecter l'intégrité du Béarn et ne chercha jamais à transgresser les fors qui le régissaient.

Il fut de plus un ardent et fidèle allié de la France, qu'il contribua puissamment, par les armes et de sa personne, à délivrer de la domination des Anglais. Il mourut vers la fin de 1471, à Roncevaux, pendant un voyage en Espagne.

Gaston avait épousé Eléonore de Navarre, à qui revint la couronne de ce royaume. C'est depuis lors que les souverains de Béarn devinrent rois de Navarre.

De ce mariage naquirent neuf enfants, dont l'aîné, héritier de Gaston, avait épousé une fille de Charles VII, sœur de Louis XI, et qui fut tué dans un tournoi, laissant un enfant, qui fut François Phébus. Eléonore gouverna donc le Béarn jusqu'en 1479, époque de sa mort, transmettant le pouvoir à son petit-fils, sous la tutelle de sa mère Madeleine. Sous ce règne, les droits que Centulle IV avait concédés aux Oloronais sur la forêt du Bager, confirmés jusque-là par tous ses successeurs, ayant été méconnus et troublés par les administrateurs des forêts, Madeleine, au nom de son fils, les rétablit par une charte datée de Pau.

Le règne de François Phébus fut de courte durée. Il mourut en 1483, empoisonné, dit-on, en jouant de la flûte. Il avait été solennellement reconnu roi de Navarre et couronné à Pampelune.

CHAPITRE VI

Le pouvoir échut alors à sa sœur Catherine, qui, quoique à peine âgée de 13 ans, fut reconnue par les Etats réunis et proclamée souveraine de Béarn, sous la tutelle, toutefois, de sa mère Madeleine.

En ce temps-là, les Oloronais se plaignirent d'être troublés, depuis quelques années, dans la jouissance des droits que Centulle IV, en 1080, leur avait concédés sur la forêt du Bager, droits confirmés et rigoureusement maintenus jusque-là par tous ses successeurs, et que les administrateurs des forêts affectaient alors de méconnaître.

Par une charte, datée de Pau le 28 septembre 1486, signée « Madeleine », cette princesse rétablit les Oloronais dans ces droits et défendit à ses agents de ne plus y contrevenir.

Catherine, cependant, se maria, en 1491, avec Jean d'Albret, mariage que les Etats approuvèrent presque unanimement.

Les deux époux se rendirent quelque temps après

à Pampelune pour y ceindre la couronne de Navarre, qu'ils devaient bientôt perdre.

A leur retour, ils prirent les rênes du Gouvernement de Béarn et s'intéressèrent vivement à sa prospérité.

La ville d'Oloron eut sa part dans la sollicitude des jeunes souverains. Les ressources locales se trouvant insuffisantes pour couvrir les dépenses municipales, les jurats sollicitèrent et reçurent d'eux l'autorisation de prélever un léger impôt sur les vins et quelques autres objets de consommation. Et voici en quoi il consista :

Ung diner jaques (1) (un centime environ) pour une livre de viande.

Item. miey blanc (environ deux centimes) pour un agneau ou chevreau.

Item. sieys diners (un sou et demi) par cochon.

Item detż blancs (25 centimes environ) par pipe de vin récolté en territoire de la ville (*badut en la ville*).

Item. sept soos jaques par pipe de vin venant de l'étranger pour revendre.

Item. quoate soos sieys diners par pipe de vin étranger destiné à la consommation des particuliers.

Venant de traverser une période de quarante ans entièrement exempts de tout impôt, les Oloronais, se rendant compte toutefois des nécessités du moment,

---

(1) Monnaie aragonaise de Jaca.

se soumirent sans protestation à celui-ci, qui, du reste, était loin d'être ruineux. Ils comprirent justement que la municipalité, sans presque pas de ressources, ne pouvait suffire aux dépenses qu'exigeaient les réparations des remparts, l'entretien des chemins et autres dépenses dont dépendaient la conservation et la bonne administration de la cité.

Huit ans plus tard, en 1494, la ville d'Oloron reçut un nouveau témoignage de l'intérêt que lui portaient ses seigneurs. Sans en prévoir les conséquences, ils avaient autorisé la construction d'un pont sur le gave d'Aspe, entre les communes de Lurbe et d'Asasp.

Cette construction, tout en changeant profondément le système des routes du pays, devait être pour les intérêts de la ville d'Oloron très préjudiciable. En effet, de quelque côté qu'ils vinssent, cavaliers, muletiers, charretiers, piétons, se rendant en Aragon ou seulement dans la vallée d'Aspe, étaient obligés de passer par Sainte-Croix, c'est-à-dire par la vieille cité. Les pèlerins pour Sarrance, très nombreux à cette époque, devaient faire de même, et tous y séjournaient plus ou moins et faisaient des dépenses qui comptaient dans les ressources locales.

Or, ce pont, en créant aux voyageurs venant de Soule, Barétous, Josbaig, un facile accès vers la route d'Espagne, autrement que par Oloron, lui enlevait inévitablement cette ressource.

Cette perspective n'échappa point à la sagacité de nos édiles, qui s'en inquiétèrent sérieusement et s'empressèrent d'adresser aux souverains leurs respectueuses représentations.

Ceux-ci ordonnèrent de suite une enquête, dont le résultat leur apprit que, non seulement le dit pont serait très onéreux pour la ville d'Oloron, mais qu'il porterait grand préjudice aux revenus seigneuriaux. En outre, disait le rapport du procureur général enquêteur, « la ville de Sainte-Marie, *qui est de l'évêque,* s'augmenterait, tandis qu'on verra se ruiner *votre cité,* qui est une des meilleures forteresses de votre Seigneurie ».

Ainsi le vieux *borg* échappa encore cette fois à la décadence dont il était depuis longtemps menacé.

Nous avons dit plus haut que Jean d'Albret et Catherine ne devaient pas conserver longtemps le trône de Navarre.

En effet, à la suite de circonstances politiques favorables aux idées ambitieuses de Ferdinand, roi d'Aragon et de Castille, sur la Haute-Navarre, celui-ci l'envahit tout à coup et s'en empara, sans qu'on pût lui opposer une sérieuse résistance. Tous les efforts que tenta Jean d'Albret pour la reprendre furent vains, et il mourut bientôt, suivi par Catherine, avec le regret poignant d'avoir perdu ce beau royaume.

Henri II, de Navarre, leur fils, leur succéda à l'âge de 13 ans. Il s'empressa de reconnaître et confirmer les franchises et les privilèges possédés depuis les siècles passés par la ville d'Oloron, ordonnant à tous, sénéchaux, juges, procureurs de Foix, Béarn, Bégorre, Marsan, etc., etc., de les faire respecter et n'en point troubler la jouissance en *égard*, dit la charte, « *à la bonne fidelitat qui a james losdits jurats, gardes, besins, manants et habitants de notre dite ciutat d'Oloron an mustrat per effieyt haber vers nos et nostres predecessors* ».

Henri s'occupa beaucoup de la réforme des lois et, avec le consentement et le concours des Etats, il introduisit dans les fors et dans l'administration de la justice des modifications et des améliorations que le temps avait rendues nécessaires. A tous les fors particuliers, il substitua un corps de lois qu'il fit imprimer en 1552. Le magnifique Cartulaire d'Oloron lui doit sa conservation; car, sur son ordre, son secrétaire, Gaston Rogier, vint recueillir les originaux épars de ce précieux document, les fit copier avec grand soin et les réunit en un volume qui se trouve aux archives de la ville.

Henri fit à son tour d'énergiques efforts pour recouvrer le royaume enlevé à ses parents. Secondé par François Ier, qui lui fournit des troupes, il envoya une armée qui, en très peu de temps, s'empara de nouveau de la Navarre. Mais une forte armée espagnole, sous les ordres du prince d'Orange, survint, qui battit les Béarnais et les en chassa, les poursuivit jusqu'en Béarn, y pénétra en s'emparant et pillant plusieurs villes. Pendant ce temps, une autre armée de trois mille Aragonais pénétra par la vallée d'Aspe, vint assiéger Oloron et établit son camp dans la plaine de Sainte-Marie. La garnison, commandée par Louvie, n'avait pas à craindre un assaut, mais animée par une ardeur belliqueuse, et comptant sur le secours de trois compagnies de gens d'armes qui se trouvaient à peu de distance de la ville, fit une sortie malheureuse. Le secours lui ayant manqué, elle fut repoussée et poursuivie si vivement que plusieurs soldats espagnols pénétrèrent dans la ville en même temps que les fuyards. Heureusement que le pont put être levé; un certain nombre de poursuivants tombèrent dans les fossés et s'y noyèrent; ceux qui étaient entrés furent faits prisonniers.

Le reste de l'armée espagnole, se rendant compte de l'impossibilité de s'emparer de la ville, d'autre part privée de tout secours par la vallée d'Aspe, dont les montagnards s'étaient levés et lui barraient la retraite, s'empressa de renoncer à un siège inutile pour se réfugier auprès du prince d'Orange qui assiégeait Sauveterre.

Pl. VII. — Maison à Oloron.

Cette campagne se termina bientôt. Les Espagnols, craignant peut-être le retour de l'armée de Henri, se hâtèrent de rentrer en Espagne, laissant malheureusement des traces désastreuses de leur incursion. Charles-Quint se rendit en Navarre pour y affermir sa domination et ce royaume fut à jamais perdu pour les souverains béarnais, qui continuèrent, malgré tout, à s'intituler « rois de Navarre ».

CHAPITRE VII

Henri fut non seulement un législateur éclairé et sage, mais encore un des plus vaillants chevaliers de son époque. Il suivit François Ier dans la guerre d'Italie. Combattant à ses côtés, il fut, en même temps que lui, fait prisonnier à la bataille de Pavie.

Etant parvenu à s'évader, il rentra en Béarn, et, quand le roi de France recouvra sa liberté, Henri épousa, en 1527, sa sœur, Marguerite de Valois, veuve du duc d'Alençon.

Il est inutile de dire ce qu'était la « Marguerite des princesses ». Elle est assez connue dans l'histoire par sa beauté, sa sagesse, par ses goûts littéraires, son savoir, par ses contes et ses poésies.

Elle fit de la cour de Béarn l'une des plus brillantes cours de l'Europe, en y attirant les hommes les plus lettrés, les plus instruits de son temps. Avide de connaissances nouvelles, elle accueillit favorablement les novateurs du protestantisme, et, sans les partager, en écoutait et tolérait volontiers les doctrines.

L'évêché d'Oloron se trouvant vacant, elle y nomma un prêtre catholique, de mœurs austères, savant théologien, mais dont les idées tendaient vers la réforme religieuse.

Avec une éloquence persuasive, il parvint avec succès à insinuer dans l'esprit des populations béarnaises les germes des nouvelles doctrines. Mais il faut dire aussi, d'après le témoignage même de deux historiens ecclésiastiques (1), que les esprits en Béarn se trouvaient favorablement disposés à accueillir les idées de réforme par la vue de l'indiscipline, la dissolution, la corruption du clergé catholique.

Cependant, tant que vécurent Henri et Marguerite, la religion réformée ne fit pas de grands progrès dans notre pays. Car s'ils ne firent rien pour l'empêcher, ils ne firent rien non plus pour la propager et ils moururent dans celle où ils étaient nés : Marguerite, au château d'Odos, en 1549; Henri, à Hagetmau, en 1555, laissant dans tous les cœurs béarnais les plus profonds regrets, les plus vifs sentiments de reconnaissance pour tous les bienfaits qu'ils avaient prodigués.

De quatre enfants qu'ils avaient eus de leur mariage, il ne restait à leur mort qu'une fille, Jeanne, mariée déjà depuis 1548 à Antoine de Bourbon. Cette prin-

---

(1) POEYDAVANT, *Histoire des troubles religieux.*

cesse avait reçu une éducation brillante et soignée. A des connaissances sérieuses et variées, elle unissait un caractère intrépide et ferme, un jugement solide et sûr. En tout, elle était la digne fille de Marguerite.

Après avoir, avec son mari, prêté le serment d'usage, en présence des Etats assemblés dans la grande salle du château, elle se mit à la tête du Gouvernement pour continuer l'œuvre féconde de son glorieux père. Mais les intrigues politiques et les passions religieuses lui suscitèrent de nombreux et cruels embarras qui lui rendirent sa mission difficile.

Le protestantisme avait, alors, fait de rapides progrès. Attiré par l'austérité évangélique ou affectée des chefs de la secte, le peuple s'était insensiblement rapproché d'eux et adoptait leurs idées. Un certain nombre, parmi les grands mêmes, séduits par la sévérité de leurs mœurs, par leurs vastes connaissances dans les sciences et dans les lettres, se mirent à les protéger, à les tolérer, et, peu à peu, en arrivèrent à partager leurs doctrines.

Jeanne, dans l'espoir de maintenir la paix et la tranquillité dans ses Etats, eut l'air de rester indifférente à ce qui s'y passait. A l'exemple de son père, elle s'abstint de manifester ses préférences pour l'une ou l'autre religion, quoique ses sentiments personnels fussent en faveur de la réforme.

Pl. VIII. — Maison du xixe siècle : place Pomone.

Le clergé catholique ne sut aucun gré à Jeanne de cette généreuse et sage abstention. Au contraire, de sourds murmures et une vive effervescence se firent sentir dans son sein, qui ne tardèrent pas à se transformer en récriminations et en âpres remontrances qui parvinrent jusqu'à la reine, avec même des menaces de faire soulever les populations. En présence de ces audacieuses manifestations, Jeanne n'hésita plus : sans mettre aucune entrave aux pratiques religieuses des catholiques, elle établit publiquement, officiellement, l'exercice de la religion réformée avec ordre que les églises serviraient aux deux cultes.

Cet acte de rigueur en imposa aux mutins, qui se turent et eurent l'air de se soumettre.

Mais l'esprit dominateur, jaloux, intolérant du clergé romain ne pouvait se faire longtemps à cette confraternité forcée. Le voisinage de ces ministres dont les mœurs sévères faisaient éclater la vie toute de mollesse et d'oisiveté à laquelle il était habitué depuis longtemps (1) lui était un reproche de tous les instants et lui faisait désirer d'en être débarrassé au plus vite.

Soutenus par quelques seigneurs mécontents et peu soucieux de fidélité envers leur reine, des ecclésiasti-

(1) De Vauvilliers, *Histoire de Jeanne d'lAbret.*

ques, en grand nombre, se réunirent clandestinement et décidèrent de provoquer un soulèvement parmi la population. Ils projetèrent même d'enlever la reine et ses enfants et d'égorger tous les protestants.

Ce fut à Sainte-Marie, résidence de l'évêque d'Oloron, en l'absence de celui-ci, que se produisit le premier mouvement de révolte. Le jour de Noël 1563, Pierre de Bonnefont, conseiller et maître des requêtes, et Archambault de Colomiès, juge au sénéchal, ayant voulu établir à la cathédrale la prédication d'un ministre, les chanoines protestèrent avec une grande furie. L'un d'eux, Guilhem d'Abadie, à la tête d'un certain nombre de partisans, s'empara de la cathédrale et du palais épiscopal, s'y fortifia, prêt à en soutenir le siège, espérant être soutenu du dehors. Mais rien n'étant venu à leur aide, et menacés d'être canonnés, ces belliqueux chanoines se virent contraints de se rendre. Ils furent envoyés prisonniers à Pau.

Pendant ce temps, l'abbé de Sauvelade, fils de Esgoarrebaque, capitaine d'Oloron, était parvenu à soulever la population catholique de cette ville et se préparait à faire un mauvais parti à ceux de la religion. Mais le sénéchal de Béarn, A. de Gontaut, baron d'Audaux, accourut précipitamment, parvint à s'emparer de Sauvelade et l'emprisonna. La fureur du peuple ne connut alors plus de bornes et menaçait de tout saccager. Pensant mettre fin à ce désordre, le sénéchal eut la faiblesse de rendre la liberté à l'abbé, qui en profita aussitôt pour se jeter dans le faubourg de Saint-Pierre et s'y retrancher. Pendant deux jours, aidé d'une vile populace, il y commit toutes les cruautés que la fureur et le fanatisme peuvent inspirer. Enfin, sur les instances de son père, de l'évêque Claude Régin et du baron d'Audaux, il consentit à quitter la ville, au moment où Supersantis, ancien avocat du conseil souverain, à la tête d'un ramassis de voleurs et de brigands recrutés dans la vallée d'Aspe arrivait à son secours (1).

Quelques jours après, tant elle était possédée de fanatisme religieux, la population se soulevait de nouveau aux discours ardents, passionnés, d'un cordelier nommé Pesquito. Par ses ordres, les ministres Ponteto et Laborde furent arrêtés et remis à Supersantis, toujours aux aguets, avec sa bande, dans quelque recoin de la vallée. Mais cette sédition fut encore promptement réprimée par le baron d'Audaux, qui s'empara du moine Pesquito et de ses principaux lieutenants et les envoya à Pau pour y être jugés et certainement condamnés à mort. Mais la reine, dans sa magnanimité et à la prière même de Ponteto, qui avait recouvré sa liberté, leur fit grâce.

---

(1) MENJOULET, *Chronique d'Oloron.*

Ponteto était d'Oloron, de parents pauvres. Doué d'une intelligence remarquable, il trouva des protecteurs qui l'aidèrent à acquérir les connaissances nécessaires pour être ministre de la religion nouvelle. Ayant su gagner la confiance et les bonnes grâces de l'évêque Roussel, il fut, à la demande de celui-ci, nommé par la reine ministre à Oloron. Par son zèle, son éloquence, et surtout par son inépuisable charité envers les pauvres sans distinction, il s'acquit bien vite l'estime et l'affection de tous les partis (1).

Mais ni les actes de clémence, ni les preuves de sympathie que Jeanne leur témoignait malgré tout, ne parvenaient point à désarmer, à apaiser la fureur, la haine, la jalousie du clergé catholique envers les protestants. Il continua à conspirer sourdement, à exciter les esprits à la révolte.

En présence de ce fanatisme irréductible, la reine se vit obligée, tout en le regrettant, de recourir à des sévérités nécessaires.

Furieux, alors, des seigneurs infidèles, traîtres à leur pays et à leur souveraine, d'accord avec les prêtres, se rendirent auprès du roi de France pour lui démontrer que Jeanne était son ennemie, qu'elle cherchait à détruire l'antique religion du pays et conspirait pour

(1) MENJOULET, *Chronique d'Oloron*.

Pl. IX. — Le Gave d'Ossau.

ouvrir à son fils le chemin du trône de France. Ils le suppliaient, en conséquence, d'envoyer une armée en Béarn pour y rétablir l'ordre de choses précédent.

Il n'en fallait pas tant pour exciter Charles IX, poussé par sa mère, la Médicis, à porter la guerre dans les Etats de Jeanne et essayer de s'en emparer à son profit, sous prétexte de les conserver au jeune prince son fils.

Il envoya donc, sous les ordres de Tarride, une armée qui répandit dans tout le pays le pillage et la dévastation, n'épargnant pas plus les biens et les personnes des catholiques que les biens et les personnes de la religion réformée.

CHAPITRE VIII

Jeanne d'Albret se trouvait en ce moment à La Rochelle, mais elle avait laissé comme lieutenant général le fidèle et dévoué baron d'Arros, chargé de la direction des affaires du Béarn.

D'Arros réunit hâtivement une troupe, malheureusement trop peu nombreuse pour s'opposer à l'invasion brutale et désastreuse de Tarride, mais dans l'intention de s'emparer et de conserver les places fortes. Il occupa d'abord Navarreins, où il manda le capitaine Esgoarrebaque, gouverneur d'Oloron, afin de se faire remettre cette ville. Comme on l'a vu, Oloron était un foyer de conspiration et de révolte ; le capitaine Esgoarrebaque, entièrement dévoué aux catholiques, refusa obstinément de la rendre. D'Arros, furieux de ce refus, le fit arrêter et le retint prisonnier.

Se mettant alors à la tête d'une petite troupe de cavaliers, il se dirigea sur Oloron, pensant que, privée de son commandant, la ville capitulerait sans combat. Il se présenta à la porte du petit faubourg qui s'était créé au-dessous de la ville et qui se reliait au Marcadeig par un pont de bois sur le gave d'Ossau, mais fortifié par de fortes murailles. Par méprise, cette porte lui fut ouverte et d'Arros avec sa troupe pénétra dans le faubourg. Mais au lieu d'une reddition facile sur laquelle ils comptaient, ils trouvèrent les remparts ocupés par la garnison qui les reçut par de vives arquebusades, excitée par les fils d'Esgoarrebaque et sa dame. Sur ses derrières, la population du quartier Marcadeig se souleva subitement et, pour lui couper toute retraite, éleva une barricade tout à l'autre bout du pont. D'Arros se trouva, dès lors, dans une fâcheuse situation. Pris entre deux feux, lui et ses soldats risquaient fort d'être exterminés jusqu'au dernier. Heureusement, une compagnie de son armée, commandée par Incamps, survint à temps pour s'emparer de la barricade et les dégagea. Avec ce renfort, d'Arros put aller rejoindre, au faubourg Saint-Pierre, les capitaines Lurbe et Lamothe chargés, avec leurs compagnies, d'attaquer la ville de ce côté, et qu'il trouva combattant vaillamment contre une troupe nombreuse de Basques et d'Aspois que Supersantis avait emmenée au secours de la ville. Le combat, alors, devint violent, acharné, et malgré leur nombre, les mercenaires de Supersantis furent repoussés et rejetés vers le gave d'Aspe. De leur côté, les assiégés avaient, en même temps, fait une sortie par la Porte d'Espagne, afin de joindre leurs efforts à ceux de Supersantis. Mais ils furent reçus si vigoureusement par Lurbe et Lamothe que leur commandant, le jeune Laàs, fut tué au premier choc et que ses soldats, troublés, découragés, reprirent en s'enfuyant le chemin de la place. Lurbe et Lamothe les poursuivirent vivement et allaient entrer avec eux dans l'enceinte et s'en emparer probablement, lorsqu'un certain nombre de leurs hommes tournèrent casaque et se mirent à tirer sur eux et leurs camarades, dont quelques-uns étant allés se réfugier dans l'église Saint-Pierre y furent massacrés par ces traîtres.

D'Arros, cependant, tenait à posséder la ville. Ne pouvant y parvenir par la force, il essaya d'un autre moyen. Ayant amené avec lui le capitaine Esgoarrebaque, il le fit approcher jusqu'au pied des remparts et dit à ses fils qu'il allait le faire mettre à mort s'ils ne se rendaient pas. Il en reçut cette belle réponse, digne d'une meilleure cause, dit Vauvilliers : « *Ung bel mourir toute la bite onoure* » (une belle mort honore une belle vie), et refusèrent de capituler. D'Arros perdant tout espoir d'entrer dans la place, rendit la liberté au capitaine Esgoarrebaque et revint avec son monde à Navarreins.

L'insuccès du lieutenant général fut le signal d'un soulèvement général dans le Béarn. Une foule de seigneurs, de gentilshommes, oubliant entièrement leurs devoirs envers leurs souverains légitimes, levèrent des troupes dans leurs seigneuries pour les joindre à celles de Tarride qu'ils engagèrent à n'avoir plus aucun ménagement pour les protestants. Et, sans attendre ni les ordres ni même l'assentiment du général français, ils se jetèrent sur les principales localités, incapables d'offrir la moindre résistance, les saccagèrent impitoyablement, sans plus épargner les catholiques que les protestants, « et y commirent de si énormes vilenies que les plus barbares n'en commirent jamais de pires » (1).

Dans leur fanatisme insensé et cruel, les fils Esgoarrebaque se livrèrent aux mêmes atrocités à Oloron. Tous les protestants ou supposés tels, tous ceux qui leur montraient quelque sympathie, furent massacrés sans merci et leurs corps, par charretées, jetés dans le gave. Par une perfide ironie, les ministres Ponteto et Buisson, sous prétexte de les échanger contre des prisonniers catholiques, furent envoyés vers Navarrenx, où d'Arros s'était retiré, et massacrés en route par leur escorte, suivant les ordres qu'elle avait reçus des Esgoarrebaque (2).

---

(1) BORDENAVE, *Histoire de Béarn et Navarre.*
(2) DE VAUVILLIERS, *Histoire de Jeanne d'Albret.*

Cependant la reine, qui était encore à La Rochelle, douloureusement émue des déplorables événements qui ensanglantaient son cher Béarn, n'hésita pas, afin de porter secours à ses fidèles sujets, trop peu nombreux et impuissants pour résister au torrent qui menaçait de les emporter tous, à faire appel, à son tour, à des troupes étrangères qu'elle plaça sous le commandement de Montgommery. Cet habile capitaine entra en Béarn et, par une marche rapide, se dirigea sur Navarrenx, que Tarride assiégeait vainement depuis trois mois, et vaillamment défendue par d'Arros et plusieurs seigneurs fidèles, parmi lesquels se trouvaient Gratien de Lurbe et son frère, Pierre d'Aramits, Gassion et quelques autres appartenant à notre contrée.

Surpris à l'improviste, le général français, dont l'armée s'était considérablement réduite par la désertion des Basques et de grand nombre de Béarnais, dégoûtés, indignés à la fin, des atrocités qu'on leur faisait commettre contre leurs propres compatriotes, le général français se hâta de lever le siège et d'aller se réfugier à Orthez. Montgommery l'y suivit et l'y assiégea vigoureusement, et, malgré une vive résistance, encouragée et soutenue par une nuée d'ecclésiastiques et de moines de toutes robes, dominicains, cordeliers, etc, faisant eux-mêmes le coup de feu, la ville fut prise d'assaut et livrée au massacre et au pillage, déplorables représailles des massacres et pillages commis par les soldats de Tarride. Qui n'a entendu parler de la célèbre *frineste deus caperas,* par où l'on faisait sauter dans le gave, les prêtres et ces moines batailleurs ? Tarride, réfugié au château, tenta de résister, mais il dut bien vite capituler et se constituer prisonnier avec plusieurs chefs béarnais rebelles.

Montgommery reprit toutes les places dont les soi-disant catholiques s'étaient emparés, et Oloron, menacé du sort de la ville d'Orthez, s'empressa de se rendre, et le fameux et sanguinaire abbé de Sauvelade, Esgoarrebaque, s'enfuit précipitamment vers les montagnes, suivi des malédictions des habitants d'Oloron dont il s'était attiré la haine par son fanatisme et ses cruautés.

Le Béarn était reconquis pour ses souverains légitimes. Mais au prix de combien de sang et de larmes ! Car les troupes de Montgommery, composées pour les trois quarts de mercenaires, ne cherchant que l'occasion de pillages, n'avaient, pas plus que celles de Tarride, épargné notre malheureux pays. Un grand nombre de localités, des plus importantes, incendiées, saccagées ; des populations pacifiques et laborieuses pillées, massacrées ; tel fut le bilan de cette funeste guerre civile, provoquée par les passions religieuses et des ambitions malsaines.

A ces tumultueux et déplorables événements, qui n'avaient laissé dans le Béarn que des ruines et la désorganisation de toutes choses, succéda, enfin, un peu de calme et de tranquillité. La reine, qui n'avait pas voulu être témoin de la dévastation de son pays, put enfin y rentrer afin d'y rétablir l'ordre et la paix. D'abord, elle pardonna. Elle proclama une amnistie complète en faveur de tous les rebelles, même des chefs les plus coupables, qu'elle considérait, malgré tout encore, comme des enfants égarés, capables de repentir.

Mais elle n'eut pas longtemps pour refaire le bien-être, la prospérité de ses bien-aimés Béarnais. Les malheurs de son pays avaient si gravement altéré sa santé que, six mois après, étant allée à Paris, pour le mariage de son fils, elle mourut, presque subitement, le 9 juin 1572.

Son souvenir s'est perpétué en Béarn presque aussi vivant que celui de son fils, le bon Henri IV. « Jeanne d'Albret, dit d'Aubigné, n'ayant de femme que le sexe, l'âme ès choses viriles, l'esprit puissant aux grandes affaires et le cœur invincible ès adversités ». Au milieu des dissolutions de son temps, elle eut le mérite d'avoir, presque seule, des mœurs irréprochables. Epouse fidèle, elle se montra toujours la plus dévouée des mères (Menjoulet, L. 26, p. 139).

Pl. X. — Maisons sur le gave d'Ossau.

Certains historiens ont essayé de ternir sa mémoire en l'accablant sous les traits de la calomnie. Mais le peuple n'a jamais cru qu'à sa bonté et qu'à ses grandes qualités.

Son fils chéri, Henri, lui succéda, sous le nom de Henri II de Béarn, Henri III de Navarre, en attendant d'être Henri IV de France.

Mais retenu à Paris par les apprêts de son mariage, il écrivit au lieutenant général de Béarn, baron d'Arros, quelques jours après la mort de sa mère, une lettre touchante, dans laquelle il lui exprimait la douleur que lui avait causée « la plus triste nouvelle qui m'eut sceu » advenir en ce monde, qui est la perte de la Roine, » ma mère, que Dieu a appelée à lui ces jours passés. » Je ne vous saurais dire, Monsieur Darros, en quel » deuil et angoisse je suis réduit, quy est si extrême » qu'il m'est bien malaisé de le supporter ....

» Or puisqu'après la dite Roine, ma mère, je succède en son lieu et place, puis il m'est dong de » besoing que je prenne le soing de tout ce qui estait » de sa charge et domination qui me fait vous prier » bien fort, Monsieur Darros, de continuer comme vous » avez fait en son vivant, la charge qu'elle vous a laissée en son absence en ses pays au deça de la même » fidélité et affection que vous y avez toujours montrée...... »

Le mariage d'Henri eut lieu le 16 août suivant, précédant de huit jours le sinistre massacre de la Saint-Barthélemy, auquel il n'échappa lui-même qu'en abjurant la religion protestante que lui avait inculquée sa mère et qui était devenue celle de son pays de Béarn.

Ni son abjuration, ni son mariage avec la sœur du roi ne lui rendirent la liberté. Craignant on ne sait quelles entreprises de sa part, la Cour de France le retint prisonnier, sous une surveillance des plus sévères. En 1576, pourtant Henri parvint à tromper cette surveillance et à s'évader.

Revenu en Béarn, il se mit aussitôt à la tête du parti protestant, en reniant sa conversion forcée, et entreprit l'œuvre merveilleuse de la conquête de la France.

Pendant son absence, sa chère et très aimée sœur, Catherine, qui était rentrée à Pau après la mort de sa mère, « s'occupait de la douce mission de faire le bonheur des Béarnais ». Comme son frère, elle avait reçu une instruction sérieuse et variée. D'un esprit supérieur, possédant un grand savoir, elle s'occupa comme régente des affaires du pays, et jamais administration plus intelligente et plus douce ne fut plus prospère. Les guerres de religion et les discordes civiles ne reparurent plus en Béarn. Enfin, Catherine se fit adorer des Béarnais. Et lorsque Henri, bien assis sur le trône de France, l'appela près de lui, tout un peuple, dont les larmes se mêlaient aux pleurs de la princesse, se pressait autour d'elle pour la voir encore une fois : *Ah! Madame,* lui disait-on, *plan vedem l'anade, come de* » *boste may; mas non veyam pas la tournado.* » (1).

Henri pacifia la France par son édit de Nantes en 1599. Il rétablit le culte catholique en Béarn, avec sa hiérarchie ecclésiastique, à la tête de laquelle il replaça les évêques de Lescar et d'Oloron. Il n'oublia pas non plus que la terre de Béarn est terre franche; en 1607, il déclare que la souveraineté de Béarn demeurera indépendante de la Couronne de France et continuera à jouir de son autonomie.

(1) De Vauvilliers, *Histoire de Jeanne d'Albret.*

CHAPITRE IX

Au milieu des difficultés, des embarras de son règne, Henri IV ne perdit jamais de vue son pays natal.

Etant redevenu catholique, comme l'on sait, il s'attacha fermement à y maintenir la paix religieuse. Sans violence, sans secousse, tout en évitant de froisser en rien les protestants, ses anciens coreligionnaires, il y rétablit le culte catholique. « Il ne faut plus faire » distinction de catholiques et d'huguenots, disait-il, » il faut que tous soient bons citoyens. Je suis roi-berger, qui ne veux répandre le sang de mes brebis; » mais je veux les rassembler en douceur. »

Il disait encore à une députation du clergé : « Il faut » par vos bons exemples que vous répariez ce que les » mauvais ont détruit...... Vous m'avez exhorté de » mon devoir, je vous exhorte du votre; faisons bien, » vous et moi. » (1).

(1) Mlle VAUVILLIERS, *Histoire de Jeanne d'Albret*, t. III, p. 219.

SAINT-GRAT

Pl. XI. — Panneau sculpté sur bois doré à la cathédrale de Sainte-Marie.

Peu à peu, sans rien enlever aux protestants de leur situation légalement acquise, il parvint à donner aux catholiques les satisfactions qu'ils revendiquaient. Il restitua la cathédrale à l'évêque d'Oloron, mais il fit bâtir un temple pour les protestants. Il lui rendit la baronnie de Moumour, confisquée au profit de l'Etat, la seigneurie d'Orin, y ajouta certains droits seigneuriaux sur les villages de Géronce, Saint-Goin et Geüs, ainsi qu'une pension de 3.000 livres, mais il laissa aux ministres de la religion réformée les dîmes, prémices et autres revenus du diocèse qu'ils possédaient depuis l'établissement officiel de leur culte. Un peu plus tard, les catholiques d'Oloron, qui avaient transporté leurs pratiques religieuses à la Chapelle des Cordeliers, reprirent possession de l'Eglise de Sainte-Croix, que les protestants délaissèrent pour s'installer dans un temple à eux.

Enfin, Henri IV, avec une prudence et une sage volonté, parvint à la pacification religieuse, non seulement en Béarn, mais dans la France entière, avec son édit de Nantes de 1598.

Un lâche assassinat enleva trop tôt, pour le malheur de la France et du Béarn, ce bon et grand monarque.

Le fils aîné d'Henri IV, qui devait lui succéder sous le nom de Louis XIII, n'était alors âgé que de 9 ans. Sous la régence de sa mère, Marie de Médicis, quelques désordres se manifestèrent en Béarn parce qu'on s'était départi de la politique prudente et sage du feu roi, mais ces désordres n'allèrent pas jusqu'à des collisions sanglantes, car les passions religieuses s'étaient calmées et le peuple était fatigué des guerres civiles.

C'est donc dans un calme à peu près complet que Louis XIII se rendit, en 1615, à Saint-Jean-de-Luz, pour la célébration de son mariage avec la fille de Philippe III, roi d'Espagne, l'infante Anne d'Autriche.

Mais un grand changement politique se préparait pour le Béarn. En 1619, un édit du Conseil d'Etat ordonna que le culte catholique serait rétabli dans le pays, que le clergé rentrerait dans les biens dont il avait été dépouillé et que les détenteurs de ces biens, c'est-à-dire les protestants, seraient indemnisés sur les domaines de la couronne. Cette grave mesure, provoquée par l'ambition insatiable et l'idée de domination du clergé catholique, apportait dans l'ordre des choses établi une perturbation dangereuse pour la paix publique. Aussi les Etats, en majeure partie composés de religionnaires, refusèrent d'enregistrer cette ordonnance. Mais alors, Louis XIII, qui avait secoué le joug de la tutelle maternelle et entendait gouverner par lui-même, se fâcha et résolut de se rendre en Béarn pour soumettre ce Parlement, qui lui avait déjà résisté en d'autres cas sous prétexte d'indépendance et d'autonomie. Il partit donc de Bordeaux, où il se trouvait, et, malgré les grandes difficultés de la route, il fit son entrée à Pau le 15 octobre. Le 19 il réunit au château les Etats qui se soumirent respectueusement à la volonté du souverain et enregistrèrent cette ordonnance avec celles en retard. Ils lui prêtèrent ensuite serment de fidélité. De son côté, le roi, suivant l'ancienne formule, jura, au nom du Dieu vivant, de maintenir les fors, coutumes et libertés du pays. Mais il décida, en même temps, malgré une vive opposition de la part des Etats, la réunion du Béarn à la couronne de France. Il ordonna aussi la réunion des deux cours de Saint-Palais et de Pau en un seul Parlement, séant à Pau, qui prit, dès lors, le titre de Parlement de Navarre.

Cette façon de jurer le maintien des fors, coutumes et libertés du pays, tout en annexant celui-ci à la France et le soumettant ainsi à la législation du royaume, parut illogique et vexatoire à bon nombre de Béarnais qui tenaient absolument à l'autonomie de la province. Ils protestèrent violemment et, sous la direction de quelques grands seigneurs qui voyaient ainsi leur influence et leur autorité compromises, ils essayèrent d'organiser la révolte. Mais ces tentatives furent promptement et sévèrement réprimées, et les choses reprirent un cours régulier. Peu à peu aussi, avec un esprit de suite, une ténacité que rien ne déconcertait, par des pratiques secrètes et habiles, le clergé catholique regagnait sa puissance d'autrefois. Ayant obtenu la mainlevée des biens qu'il possédait avant l'établissement du protestantisme et se sentant fortement appuyé par les représentants du pouvoir royal, il prétendit reconquérir son ancienne influence. Trouvant que les pères Cordeliers étaient insuffisants pour répandre dans le pays la parole de Dieu, il appela en 1633 et établit, avec l'autorisation de la municipalité, à sa dévotion, au quartier Marcadet, quinze nouveaux moines de l'ordre des Capucins, dont la chapelle remplaça, pour la plus grande partie de la population de ce quartier, l'église paroissiale de Sainte-Croix, trop éloignée et d'accès pénible.

Environ trois ans plus tard, un certain nombre de religieuses de l'ordre des Ursulines, appelées par des fervents catholiques, arrivèrent à Oloron, pour s'installer dans le même quartier; mais, par extraordinaire, après un séjour de quelques mois, nos jurats ne leur permirent pas de s'y établir d'une façon définitive. Elles furent recueillies à Sainte-Marie par l'évêque et son chapitre.

Cet échec ne découragea pas les pieuses personnes désireuses d'un couvent de femmes. Mais, cette fois, ne se fiant plus à leur propre influence, elles firent appel à l'autorité que les pères Cordeliers de Sainte-Croix exerçaient déjà sur l'esprit de notre population.

Pl. XII. — L'Église de Sainte-Marie.

Ces bons moines se chargèrent donc volontiers de démontrer à nos édiles l'utilité de cette institution. Et, soit qu'ils ne fussent pas ceux qui avaient refusé les Ursulines, soit que leurs idées s'en fussent modifiées, ces magistrats autorisèrent l'établissement de ce nouveau monastère. Oloron eut alors le bonheur de posséder les filles de Sainte-Claire, qui s'installèrent, aux frais, bien entendu, de certains Oloronais, aux pieds de la ville, à l'emplacement occupé actuellement par le Palais de justice. C'était en 1645.

Voilà donc désormais le clergé local suffisamment armé pour combattre et faire mordre la poussière à toutes les hérésies huguenotes souillant encore nos contrées.

Aussi, sous l'action des prédications éloquentes et persuasives des Cordeliers et des pères Capucins, de l'enseignement donné par les saintes filles des deux couvents à la nombreuse jeunesse qui leur était confiée, chaque jour était marqué par des conversions dont certains ministres eux-mêmes donnaient l'exemple. L'on vit à Oloron se convertir, d'un seul coup, quatre-vingt-douze personnes avec la solennité et la mise en scène que cet événement comportait. Il est douteux seulement qu'elles fussent toutes bien sincères et désintéressées.

Quoi qu'il en soit, la religion réformée perdant pied de plus en plus dans le pays et dans certaines localités, elle disparut tout à fait.

CHAPITRE X

Pendant ce temps, une catastrophe épouvantable se produisit dans le haut quartier de la ville et jeta la consternation et le deuil parmi la population.

Le 5 septembre 1544, entre 5 et 6 heures du soir, un orage d'une violence extrême éclata sur la ville. La foudre tomba sur la grosse tour qui défendait la Porte d'Espagne, du côté du Biscondau, et y détermina un incendie. Le feu gagna « un cabinet dénommé l'*Infernet* » contenant 20 ou 22 quintaux de poudre, et une explosion effroyable s'ensuivit. La tour s'écroula avec un fracas terrible, renversant et couvrant de ses débris plusieurs maisons de la place Saint-Pierre et faisant de nombreuses victimes. Pour compléter le désastre, le feu se communiqua au château des anciens vicomtes d'Oloron, situé un peu au-dessus de la tour, et, malgré tous les efforts, il fut entièrement détruit (1).

---

(1) *Archives d'Oloron*, G. G. 1.

On se figure facilement la pénible et profonde émotion que ce déplorable événement répandit dans le pays. On accourut de toutes parts pour rechercher dans les ruines les victimes qui pouvaient s'y trouver. Dans la tour qui servait de prison, l'on découvrit les cadavres du gardien, de sa femme et de sa fille, ainsi que ceux de quelques prisonniers. Dans les débris des maisons détruites, au nombre d'une dizaine, l'on y trouva les corps écrasés des familles, hommes, femmes et enfants, qui les habitaient. Enfin plusieurs autres personnes se trouvant sur la place avaient été tuées par les matériaux lancés par l'explosion.

Les dégâts matériels furent en outre considérables. Et s'il y eut quelques propriétaires qui refusèrent d'être indemnisés par la ville, d'autres se trouvaient dans l'impossibilité de les imiter. Il en coûta donc une somme de 800 livres pour les aider à réparer les dommages faits à leurs habitations.

La terreur que cette catastrophe répandit dans tous les esprits la fit considérer comme une punition du ciel ; aussi le corps de ville ordonna-t-il des prières publiques pour « apaiser l'ire de Dieu ».

La tour ne fut pas reconstruite, et l'emplacement et les ruines du château, que le roi de Navarre avait donnés à M. de Gassion, président au Parlement, furent achetés par la ville, en 1657, pour le prix de mille livres payables avec les revenus de *la Mayade* (impôt sur le vin) (1).

Mais Oloron n'était pas au bout des douloureuses épreuves.

Après quelques années de vie et de travail dans la quiétude la plus complète, une calamité fondit sur elle et y apporta une perturbation profonde, la désolation et la mort.

Une maladie contagieuse, qu'on dit être la peste, avait été signalée, à la fois, à Tholosa et à Saragosse. Or, les relations fréquentes, journalières même, d'Oloron avec les provinces aragonaises faisaient craindre qu'elle s'introduisît parmi sa population. On était à la veille de la foire de septembre 1652, et l'affluence considérable qu'elle devait attirer pouvait facilement amener la contagion.

La municipalité se hâta de prendre les plus grandes précautions afin d'éviter ce malheur. Elle supprima la foire ainsi que les marchés subséquents. Pour empêcher toutes relations avec l'extérieur, les deux portes de la ville furent tenues hermétiquement fermées ; deux ouvertures pratiquées aux remparts, donnant passage, l'une vers le Biscondau, l'autre vers la « *Penne d'Ayre* » (Belle vue), furent murées ; enfin les citoyens,

(1) *Archives d'Oloron*, G. G. I.

chacun à son tour, étaient chargés de surveiller rigoureusement que les portes fussent absolument closes pour que rien n'entrât ni ne sortît.

En outre, la municipalité écrivit aux jurats de Pau, de Nay, de Navarrenx, des vallées d'Aspe et d'Ossau, pour les engager à prendre les mêmes précautions.

Malgré ces mesures d'une si méticuleuse prudence, quelques cas de cette maladie ne tardèrent pas à se manifester. L'effroi fut grand, alors, parmi la population, dont une bonne partie s'empressa de se faire ouvrir les portes pour s'enfuir loin de la contagion. Deux ou trois jurats mêmes, affolés par la peur, imitèrent cet exemple. Mais ils revinrent bientôt, honteux de leur défection passagère, se ranger aux côtés de leurs collègues pour combattre avec eux le terrible fléau et partager leurs dangers. Le juge au sénéchal, M. de Mirassou, accourut, de son côté, pour offrir ses conseils et son dévouement.

Cependant la contagion se répandait de plus en plus avec une rapidité effrayante et menaça bientôt la population tout entière enserrée qu'elle était dans l'étroite enceinte de la ville. L'on décida d'isoler les personnes atteintes, déjà trop nombreuses. A cet effet, l'on fit construire et approprier à la hâte, sur un terrain de Serre-Soeix, longeant la rive gauche du gave d'Ossau, face à la propriété Riuné, un certain nombre de baraques en bois, ou *huttes,* comme on les appela, et l'on y transporta tous les contaminés. On fit appel aux médecins de la ville; un seul, le sieur de Bourbon, et deux chirurgiens recrutés dans les environs consentirent à aller s'installer aux baraquements pour administrer aux malades les soins médicaux. Un personnel dévoué leur fut adjoint. Mais l'épidémie faisait des progrès de plus en plus grands. Il fallut construire de nouvelles baraques, augmenter le personnel de service et doubler le nombre des médecins. La sollicitude et le dévouement de membres du corps municipal augmentaient aussi à proportion. Chacun d'eux, à tour de rôle, allait, chaque jour, visiter les malades des baraques, tandis que leurs collègues surveillaient, de la même façon, ceux qui se faisaient soigner dans leurs familles. Or cette surveillance était sévère: nul habitant de la maison contaminée ne pouvait absolument mettre le pied dehors; les vivres qui leur étaient nécessaires leur étaient chaque jour déposés sur le seuil de leur porte.

Malgré tout, la maladie s'acharnait contre cette malheureuse population oloronaise. Les décès étaient nombreux, très nombreux, dans les baraquements; mais on les dissimulait et on enterrait les morts clandestinement et en hâte dans les terrains mêmes de Serre-Soeix, sans inscrire leurs noms sur aucun registre. Beaucoup d'entre eux s'en allaient avec le triste regret d'être privés des secours de la religion, parce que les ecclésiastiques paroissiaux, se disant suffisamment occupés par les malades restés en ville, ne pouvaient visiter ceux des baraques.

Les jurats firent alors appel aux sentiments charitables des Capucins, qui accoururent, au nombre de trois ou quatre, et vinrent s'installer dans une petite maison située tout près des malheureux pestiférés. Tant que dura cette funeste épidémie, le zèle et le dévouement de ces religieux ne se démentirent pas un seul instant et firent l'admiration des populations oloronaises.

Mais comme si la malheureuse cité n'était pas assez éprouvée, une nouvelle calamité vint s'ajouter à celle qui l'accablait déjà : la famine, non moins cruelle, non moins inexorable.

Pour éviter tout contact avec le dehors, la municipalité, nous l'avons dit, avait supprimé les marchés et interdit l'entrée de la ville à tout étranger. Par conséquent, aucun approvisionnement d'aucune sorte n'y pénétrait depuis longtemps. Or, ceux qui se trouvaient dans la ville au début de l'épidémie étaient entièrement épuisés; et ce qui aggravait encore cette triste situation, c'est que les ressources financières étaient en ce moment absolument nulles. Les gardes avaient déclaré ne posséder plus « *un solet diner* » dans leur caisse. Le commerce, les diverses industries étant arrêtés, des centaines d'ouvriers se trouvaient sans travail et sans aucun moyen de vivre. La charité publique se montra heureusement à la hauteur de ces tristes circonstances. Tous ceux qui pouvaient donner donnèrent généreusement. Le Parlement, de son côté, autorisa la ville à prélever une somme de 4.000 livres sur celles appartenant aux pauvres.

Quoique précaires, ces moyens suffirent, pour l'instant, à arrêter la famine qui menaçait de se joindre à la peste pour achever la ruine de la malheureuse cité. Des membres de la municipalité se hâtèrent de parcourir le pays et d'acheter à tout prix du froment et du maïs qu'ils expédiaient à mesure vers la ville.

Mais ces mesures ne pouvaient être que provisoires. Il fallait, pour remédier à ces maux et sauver d'une catastrophe une population assez nombreuse, des moyens plus sérieux, plus efficaces.

La municipalité décida donc de contracter un emprunt de quarante mille livres, qui fut bientôt suivi d'un second de pareille somme. Ces deux emprunts furent facilement réalisés. Touchés de la situation déplorable de la malheureuse cité, tous ceux qui pouvaient disposer de quelque somme s'empressèrent de l'apporter à cette œuvre de charité. Jean de Gassion,

Pl. XIII. — Porte de l'Église de Sainte-Marie.

président du Parlement de Navarre, son frère le maréchal, le comte de Troisvilles même, se souvenant de leur origine oloronaise, y contribuèrent pour des sommes assez importantes.

Grâce à ces généreux concours, l'on put faire face aux dépenses extraordinaires occasionnées par l'épidémie et combattre la disette. Des citoyens dévoués se transportèrent en hâte, les uns en Aragon, les autres en Bretagne et ailleurs et y achetèrent des quantités considérables de céréales.

En même temps que la disette était ainsi enrayée, pour un certain temps au moins, et comme un bonheur n'arrive jamais seul, l'on constata, dans le courant du mois de décembre, une sensible diminution dans les cas épidémiques. Cette nouvelle fut, comme on le pense, accueillie avec bonheur par une population qui, depuis près de quatre mois, était décimée par cette implacable maladie. Enfin, à la fin de ce mois de décembre, il ne restait plus, tant dans les baraques qu'à l'intérieur de la ville, qu'un très petit nombre de malades, qui ne tardèrent guère à se rétablir complètement.

Mais si l'épidémie tendait à disparaître de la ville, elle sévissait dans les campagnes environnantes avec une certaine rigueur. La municipalité se trouva dans l'obligation de maintenir l'interdiction de toute espèce de relations avec elles. Elle fit même, pour plus de sûreté, dresser des barrières à toutes les avenues de la ville. De sorte que nos pauvres Oloronais se virent privés pour quelque temps encore des denrées que les campagnes seules pouvaient leur fournir.

Enfin, soit qu'il se trouvât satisfait des désastres qu'il avait causés, soit qu'il cédât à l'influence d'un vœu formé par la municipalité d'accomplir un pèlerinage à Notre-Dame de Sarrance, le fléau consentit à disparaître de nos contrées. Par précaution toutefois, le pèlerinage n'eut pas lieu tout d'abord. Il ne put se réaliser que le 3 juin 1653.

Ce jour-là donc, le corps de ville au complet, accompagné de nombreux pèlerins, se rendit à Sarrance, où il offrit dévotement à la Vierge, pour sa chapelle, « un calice avec sa patène, en argent, recouverts d'un voile ».

CHAPITRE XI

Pendant cette trop longue période d'affliction et de deuil, la ville reçut de tous les points du pays de nombreux témoignages d'intérêt et de sympathie. Les plus hauts personnages se firent un devoir d'apporter à la municipalité et à la population des consolations, des conseils et des encouragements. Le duc de Gramont, gouverneur du Béarn; le baron de Poyanne, lieutenant général du roi, qui avait envoyé des troupes pour maintenir l'ordre; Jean de Gassion, président du Parlement de Navarre, son frère le maréchal, ne craignirent point de venir, en personne, se rendre compte de l'état des choses, de visiter les malades pour les exciter à la résignation et leur donner du courage.

Ces témoignages flatteurs étaient certes faits pour exciter, s'il en eût été besoin, l'ardeur de nos édiles; mais, comme nous l'avons dit, leur zèle et leur dévouement ne se démentirent pas un instant. Jusqu'à la fin, ils restèrent sans aucune défaillance à leur poste de danger et d'abnégation. Aussi la reconnaissance et la vénération de leurs concitoyens leur furent acquises sans limite.

Voici les noms de ces vaillants administrateurs. Ils méritent d'être conservés dans la mémoire des Oloronais. C'étaient : MM. de Laterrade, de Loustaunau, de Lafourcade, de Casenave, de Florence et de Casaucau, jurats. Il convient d'y joindre celui de M. Mirassou, juge du sénéchal, autre Oloronais, qui, dès le premier moment, était accouru se ranger auprès des jurats pour partager leurs peines et leurs dangers.

Mais la fin de l'épidémie ne fut pas la fin des soucis et des inquiétudes de ces honorables municipaux. D'autres épreuves attendaient leur dévouement.

Les misères, les ruines qu'elle avait laissées après elle étaient grandes et navrantes. La population de la vieille cité, considérablement diminuée tant par les nombreux décès causés par la peste que par la désertion de plusieurs familles à l'approche du danger, et dont la plupart ne revinrent plus habiter leurs anciennes demeures, dans l'enceinte des vieilles murailles. Le commerce, si actif naguère, n'ayant plus aucune relation avec le dehors, n'expédiant ni ne recevant plus rien depuis trois mois, semblait anéanti à tout jamais. Les mille métiers bruyants, servant à la fabrication des draps, dits cordeillats, des jupes, gilets, bas, ceintures, bérets, etc., qui faisaient d'Oloron une ville

Pl. XIV. — Porche de l'Église de Sainte-Marie.

industrielle renommée, étaient muets et l'on ne pouvait prévoir le jour où la vie leur serait rendue, car la peste se prolongeait encore dans les provinces espagnoles qui nous l'avaient envoyée, avec lesquelles nous avions les plus importants rapports de commerce. Et on n'en voyait pas la fin prochaine. Des milliers d'ouvriers que ces industries faisaient vivre, tant dans les villages des environs que dans la ville, se trouvaient dans la misère la plus complète. Et pour empêcher ceux de la ville, qui se nombraient par centaines, de se répandre dans les rues pour mendier, la municipalité se vit dans l'obligation de leur distribuer à titre d'avance, et en attendant la reprise du travail, une somme de trois mille livres, prise sur le montant des emprunts.

Par suite, la situation financière de la ville se trouvait être des plus déplorables. Les dépenses énormes occasionnées par l'épidémie avaient entièrement vidé la caisse municipale; le montant des quêtes, des dons, tout y avait passé également. Les divers impôts communaux étaient nuls, attendu qu'aucune denrée ne pénétrait plus dans la ville depuis le commencement de l'épidémie. Les rapports commerciaux avec l'Espagne étant interrompus, les droits de douane qu'elle nous payait pour les produits qu'elle fournissait à nos industries ne produisaient plus rien. Enfin, sauf le montant des emprunts, dont on était obligé parfois de détourner quelque partie pour des besoins urgents, la ville ne possédait en ce moment aucune ressource pécuniaire.

Telle était la triste situation à laquelle se trouvaient acculés nos administrateurs municipaux et dont, cependant, ils entreprirent courageusement le relèvement.

Et d'abord, ils se firent un devoir de récompenser les personnes qui s'étaient dévouées pour combattre avec eux l'épidémie. Le sieur Bourbon, le seul médecin de la ville qui osa, comme nous l'avons dit, braver le danger pour soigner les pestiférés, fut nommé médecin des pauvres et appelé à l'honneur de faire partie du corps de ville en qualité de jurat.

Une députation composée de MM. Mirassou, juge, Latterrade, Florence, Casenave et Casaucau, jurats, se rendit au couvent des Capucins pour remercier ces religieux, au nom de la municipalité et de la population, du dévouement et de l'abnégation dont ils avaient fait preuve durant l'épidémie et les assurer qu'ils trouveraient toujours et en toute circonstance la ville disposée à leur venir en aide. Les députés leur offrirent en outre deux barriques de vin et deux *rasiers* (un hectolitre environ) de froment. Le présent était assurément médiocre. Mais ces religieux, qui n'avaient point escompté leur dévouement, et considérant aussi la « rigueur des temps », ne s'aperçurent pas de sa modicité.

On reconnut plus généreusement les services du maréchal de Gassion et de son frère, le président du Parlement de Navarre, qui, outre les conseils et les encouragements qu'ils étaient venus spontanément offrir au corps de ville, lui avaient prêté, afin de conjurer la disette, plus de trente mille livres. L'on offrit donc au maréchal deux superbes chevaux d'Espagne valant mille livres chacun.

Enfin, les personnes qui avaient, plus ou moins, prêté leur concours dans cette fatale circonstance reçurent toutes un témoignage de la reconnaissance publique.

Ce devoir de reconnaissance rempli, nos édiles se retournèrent, pour y consacrer toute leur bonne volonté, vers la restauration des finances de la ville. Mais après de vains efforts, ils reconnurent qu'avec les ressources dont ils disposaient il leur serait impossible de réaliser leur louable entreprise, car le temps avait marché et avec lui la dette de la commune s'était accrue considérablement. Elle s'élevait l'année suivante (1654) à la somme de cent quarante mille francs, tant en principal qu'en intérêts arriérés.

En présence d'un pareil déficit, énorme pour l'époque, ils résolurent, bien à contre-cœur, mais forcés par les circonstances, d'augmenter les impôts sur un certain nombre de denrées de consommation. Ainsi, l'on augmenta de « *deux liards le pot de vin qui se débitait par pot et pinte; de deux francs par barrique le vin destiné aux particuliers et d'un franc par barrique se vendant en gros. Six liards par livre de mouton; un liard par livre de brebis; deux liards par livre de bœuf ou de vache; un franc par cochon débité en détail; dix sols par quintal d'huile, et deux liards par livre* ».

Aux ressources assez importantes que produisit cette élévation dans les impôts communaux vinrent s'ajouter celles provenant des droits de douane perçus à la porte d'Etsaut sur les marchandises espagnoles; car l'épidémie ayant enfin disparu des provinces voisines, nos relations commerciales avec elles s'étaient promptement rétablies, avec une activité des plus satisfaisantes. De sorte que la municipalité pouvait espérer de se libérer, dans peu de temps, tout au moins des arrérages.

Mais voilà qu'un fâcheux contretemps vint encore jeter le trouble et la déception dans les combinaisons de nos édiles.

L'un des principaux créanciers de l'emprunt de 1653, le comte de Troisvilles, réclama, tout d'un coup, le remboursement de la somme de 24.000 livres qu'il y

Pl. XV. — Ancienne maison rue de la Cathédrale.

avait fournie. N'étant point en mesure d'opérer ce paiement si subitement exigé, ils obtinrent, au moyen du paiement des intérêts échus, deux ou trois délais successifs. Mais, à la fin, le comte, las d'être ainsi vainement renvoyé d'une date à une autre, devint menaçant. Il fit même pratiquer un commencement de saisie sur les biens communaux. Il fallut bien alors trouver les moyens de s'exécuter.

Les Gassion vinrent de nouveau aider la ville de se tirer de ce mauvais pas. Le Président offrit 18.000 livres, le reste fut emprunté par ailleurs, et Troisvilles fut intégralement désintéressé.

ANNEXE

Notes diverses relevées jusqu'en 1704.

. . . .

Compte de 1618 (Carraques, 15 livres).

. . . .

15 avril 1639. — Autorisation donnée à M. de Lassalle, jurat, seigneur de Gurmençon, de prendre le bois qui lui sera nécessaire pour construire audit Gurmençon un château et un moulin.

. . . .

18 juillet 1639. — Les jurats et députés qui ne se rendraient aux séances seront passibles d'une amende de 3 livres; le double, 6 livres, s'ils manquent aux réunions extraordinaires.

. . . .

En l'assemblée ordinaire du 12 septembre 1639, il fut arrêté que, vu les fréquents et graves dégâts commis à la forêt du Bager, la garde en serait faite, à partir de ce jour, par les habitants, chacun à son tour, à commencer par les jurats. Ce jour-là furent désignés lou seignou de Lailhaca, jurat; d'Andichou, Dufaur, députats, et Casaucau, garde, pour passer la nuit. Ils seront remplacés par les sieurs de Casenave, Juncars, Badger.

. . . .

Assemblée ordinaire du 14 octobre 1641 de la religion réformée. — Les habitants du delà le pont et du bourg d'en bas demandent au corps de ville de vouloir ouvrir, dans les remparts, *une porte que es pris deus lostras* (*Voir*) pour leur faciliter de se rendre au temple, à la charge de la refermer, si besoin est, et à la première réquisition.

. . . .

12 novembre 1644. — Distribution d'une somme de quatre mille livres aux victimes de l'écroulement de la tour et du château.

. . . .

4 janvier 1645. — Autre distribution de huit cent livres aux mêmes victimes, et autres indemnes.

. . . .

Assemblée du 19 avril 1645. — Sur la demande du Père Bayeu, gardien des Cordeliers, le corps de ville accorde aux dames religieuses de Sainte-Claire l'autorisation de s'établir à Oloron, d'y bâtir un monastère à leurs frais, d'y recevoir les jeunes filles de la ville qui voudront se faire religieuses, ainsi que des pensionnaires, aux prix de 1.600 francs pour les religieuses et nonante livres par an pour les pensionnaires.

Protestations de certains particuliers et oppositions à cet établissement.

. . . .

L'abbé Puyou avait obtenu de l'évêque l'autorisation de dire la messe à la chapelle de l'hôpital. Protestations du trésorier et de la municipalité et appel comme d'abus par devant la cour du Parlement (12 octobre 1645).

. . . .

7 décembre 1648. — Délégation vers Mgr d'Oloron pour lui demander de transporter l'Eglise Saint-Pierre au lieu désigné (Hospice).

. . . .

La fontaine du Marcadet était alimentée par une source se trouvant au jardin des pères Capucins. Accord par la ville avec eux pour laisser prendre l'eau (28 mars 1650).

. . . .

6 avril 1651. — Travaux chez les pères Capucins pour dégager la source fournissant l'eau au Marcadet.

. . . .

3 juillet 1651. — Recherche d'une source à la place Saint-Pierre afin d'y édifier une fontaine.

. . . .

Le 6 avril 1652, il fut sérieusement question de construire l'Eglise Saint-Pierre, qui avait été commencée au milieu de la place du Marché (*à las bordes*), aux Maisons neuves, pour la rapprocher de la population de la basse-ville. Mgr d'Oloron était de cet avis. Il aurait alors annexé à la paroisse Sainte-Croix la population du bourg d'en haut.

. . . .

A cette époque 1652. Des souscriptions pour les pauvres se faisaient chaque mois. Des membres du corps de ville étaient délégués pour recueillir les dons des souscripteurs.

. . . .

Décembre 1652. — Pour éviter la mendicité sur les rues, la municipalité décida de centraliser chez les gardes les charités que les riches avaient l'habitude de distribuer aux pauvres qui se rendaient devant leurs portes. Les personnes qui s'étaient absentées de la ville par peur de la maladie étaient taxées à une somme qu'elles étaient obligées de payer. Vu les circonstances, les meuniers de la ville furent priés de moudre les grains des pauvres gratuitement, c'est-à-dire sans exercer la *Pugnère*.

. . . .

En attendant que les barrières fussent élevées, l'on

exigea des habitants qu'ils fissent la garde des portes, afin que ni personnes ni marchandises entrassent dans la ville. Les chefs de famille, à tour de rôle, furent contraints de faire cette garde, sans qu'ils pussent se faire remplacer.

. . . .

26 janvier 1654. — Défense aux propriétaires de la ville de recevoir et loger des étrangers non reçus voisins ou n'étant pas natifs d'Oloron, et à ceux-ci défense de bâtir aucune construction sans autorisation du corps de ville. Les étrangers étaient renvoyés de la ville parce qu'il fallait les secourir aux dépens des pauvres de la localité (B. B. 2, p. 178).

. . . .

27. — Les membres du corps de ville décidèrent que les assistants à leurs séances devaient jurer de ne rien divulguer au dehors des affaires traitées.

. . . .

Régent : 100 livres par an (16 mars 1654, B. B. 2, p. 184).

. . . .

La porte percée au rempart, à Penne-d'Ayre, ayant été fermée pendant l'épidémie, fut rouverte avec l'autorisation du marquis de Poyanne, lieutenant général du roi en Béarn. Les jurats et un nombre de citoyens du faubourg Saint-Pierre s'opposaient cependant à cette ouverture, ce qui donna lieu à de nouvelles supplications de la part de notabilités du bourg, qui eurent enfin gain de cause. Cette porte de Penne-d'Ayre existait, etc., etc. (30 mars 1654). Une autre porte ouverte dans le mur du côté du Biscondau pour la commodité des habitants du faubourg d'en bas, et fermée pendant l'épidémie, fut ouverte de nouveau, les dits habitants s'engageant à la faire refermer à leurs frais le cas échéant.

. . . .

L'ouverture au rempart, appelée porte de Penne d'Aire, fermée pendant la durée de la peste, fut rouverte, lorsque tout danger fut passé, à la demande de plusieurs notables habitants, malgré l'opposition des jurats, joints à quelques habitants de la place Saint-Pierre (avril 1654. B. B. 2, p. 186).

. . . .

Il en fut de même d'une autre porte donnant sur le Biscondau, fermée pendant la contagion.

. . . .

Le geôlier de la prison d'Oloron était autorisé à prendre par les droits à l'entrée de chaque prisonnier 6 sous morlaàs et 4 deniers morlaàs pour la garde et le service de l'établissement pour chaque pensionnaire et par jour.

. . . .

L'église Saint-Pierre donna lieu à de longues discussions.

. . . .

11 mai 1654. — Fut reçu régent catholique le sieur Anthoine Montau pour l'école du bourg d'en bas pour la commodité des habitants de la ville.

. . . .

Les fondations de l'église de la paroisse Saint-Pierre avaient été faites au milieu de la place. Mais les habitants s'opposèrent formellement à ce qu'elle fût construite en ce lieu, qui était le marché au bétail. L'évêque alors permit, le 9 mars 1654, de la transporter dans un endroit plus commode et désert, mais que les frais déjà engagés s'élevant à 1.100 francs seraient remboursés et les matériaux arrivés seraient pris en compte. L'emplacement de l'hôpital, à l'entrée de la rue d'Aspe, fut reconnu le plus propice, et celui-ci fut dès lors transféré à l'entrée des Maisons neuves en la maison *Pin*, où les pauvres trouveraient plus d'aisance et de commodités qu'à celui de Saint-Pierre. D'ailleurs, le quartier des Bordes (place Saint-Pierre) étant bien peuplé et le plus beau quartier de la ville, il convenait de le mettre à l'abri des maladies contagieuses que les pensionnaires de l'hôpital pouvaient y communiquer.

. . . .

Pl. XVI. — Le Gave d'Aspe.

Mars 1655. — La paroisse de Saint-Pierre, toujours préoccupée de son église, s'adresse à la ville pour obtenir son concours; le faubourg fait valoir que de tout temps il a participé à *l'entretien* de la ville, aux dépenses religieuses et civiles. En ce moment, non seulement il a à sa charge la construction de leur église, mais encore la réfection du chemin de la hounta deüs Mourous, le repavage de la place et des rues, qu'il compte sur la caisse municipale pour toutes ces dépenses, menaçant la ville de demander sa séparation dans le cas où elle se désintéresserait des besoins du faubourg. La ville protesta contre toute idée de séparation, et qu'elle fera comme par le passé, malgré qu'elle se trouve chargée de grosses dettes, elle contribuera toujours à la satisfaction des besoins du faubourg.

. . . .

18 juin 1657. — Achat par la ville au Président de Gassion des ruines du château vicomtal, pour le prix de 1.000 livres, payables sur l'afferme de la Mayade.

. . . .

7 octobre 1658. — Le trésorier des pauvres doit retirer des mains du sieur Puyou, curé de Saint-Pierre, un calice d'argent appartenant à l'hospice, ainsi qu'un autre calice d'étain des mains du sieur de Morlas, prêtre, appartenant aussi à l'hôpital.

. . . .

21 octobre 1658. — Le terrain nécessaire pour l'église Saint-Pierre n'était pas encore acheté. Le trésorier des pauvres devait encore demander l'autorisation du sénéchal pour le vendre.

. . . .

Le curé de Saint-Pierre ayant demandé à la municipalité de faire les frais d'achat de missels, il fut répondu qu'elle ne pouvait pas.

. . . .

Un cagot avait « débauché » une jeune fille non cagote et l'avait épousée (10 janvier 1661); il fut poursuivi selon le for, défense d'avoir aucune relation familière sous peine de *leg maj.*

. . . .

17 janvier 1661. — Incendie au Bager; grands dommages.

. . . .

Ordonnance des poursuites contre l'abbé Puyou en restitution du calice appartenant à l'hôpital qu'il refuse de rendre (14 février 1661).

. . . .

Novembre 1663. — Gages de Laplace, régent : 75 livres.

. . . .

Mai 1665. — Quête pour la restauration de l'orgue de l'église Sainte-Croix.

. . . .

En l'assemblée du 20 décembre 1666, il fut décidé de faire démolir le sommet de la tour de Grède, qui menaçait de tomber, moyennant le don de la pierre qui en résulterait au profit du démolisseur.

. . . .

En janvier 1667, le propriétaire du moulin de Cassabet tenta de construire un pont le reliant au territoire de Sainte-Marie. Mais la municipalité s'y opposa, comme allant à l'encontre des privilèges de la ville.

. . . .

Les ministres protestants exemptés de la taille. Casamajor, ministre (novembre 1667).

. . . .

Avril 1668. — Emprisonnement de Muchada pour avoir blasphémé le nom de Dieu, frappé sa mère, etc. (suivant les fors).

. . . .

Présent à Mgr le comte de Guiche, gouverneur du Béarn, de confitures et de vin d'Espagne pour la somme de çent escuts. A son entrée dans la province (délibération du 16 juillet 1668), les gardes furent autorisées à emprunter 600 livres et mêmes livres en cas que cette somme fût insuffisante pour les frais de réception du dit comte de Guiche.

. . . .

27 mars 1669. — Des malfaiteurs s'introduisaient pendant la nuit dans les jardins du faubourg les Bordes. Ils tuèrent un chien de garde à M. de Campagne.

. . . .

22 octobre 1671. — Ordre au corps de pourvoir aux dépenses du gouverneur Touloujon, passant à Oloron pour inspecter le pays. Service du roi. Les gardes n'ayant pas de fonds en caisse, emprunt fait au sieur Fraixo de la somme de 500 francs.

. . . .

Décembre 1671. — Les élections des jurats. Les faubourgs élirent quatre jurats sur six. La ville (enclos) protesta disant que la majorité devait lui appartenir. Les faubourgs répondirent, s'appuyant sur des lettres patentes du roi et des instructions du gouverneur Monseigneur le comte de Guiche et le lieutenant général Touloujon qui disaient que les membres du corps seraient pris indifféremment dans la ville ou les faubourgs, là où ils se trouveront.

. . . .

Mai 1672. — Arrêté contre les marchands de grains et toutes autres marchandises qui s'arrêtent à Sainte-Marie ou à la place Saint-Pierre pour vendre leurs dites marchandises au lieu de les porter aux places désignées par les arrêtés municipaux, au détriment du pauvre monde.

Pl. XVII. — Armes d'Oloron sous Louis XIV.
(Bibliothèque de la Ville)

. . . .

Juin 1672. — Durègne, député au corps municipal.

. . . .

En juin 1672 la rétribution scolaire en faveur des régents est fixée ainsi qu'il suit : pour les enfants commençant par mots et syllabes, 2 sols tournois par mois ; ceux qui lisent, 3 sols ; ceux qui lisent et écrivent 4 sols 1/2 faisant 18 liards ; et ceux qui écrivent et font des chiffres, 6 sols tournois, avec défense et inhibition aux régents de prendre rien au delà.

. . . .

Assemblée du 8 mars 1673. — Conformément à une ordonnance du premier président au Parlement qui ordonne l'arrestation de tous les fénéants, batteurs de pavés, libertins et gens sans aveu, plusieurs arrestations furent faites à Oloron par ordre des jurats et les gens arrêtés remis au capitaine Prechacq, pour les envoyer dans les armées du roi.

. . . .

En 1675, malgré les privilèges accordés et reconnus par les souverains de Béarn en faveur des Béarnais et confirmés et maintenus par serment par les rois Louis XIII et Louis XIV, les gens ou fils du royaume de France tentèrent de leur faire payer certains impôts. Le corps de ville protesta énergiquement auprès de l'intendant de la province.

. . . .

12 mars 1655. — Les notables de la paroisse Saint-Pierre, le recteur M. Puyou en tête, adressent à la municipalité une requête par laquelle ils exposent que la population a toujours concouru à toutes les dépenses de la paroisse de Sainte-Croix, soit pour les orgues, réparations des murailles, construction et réparations des fontaines, ornements pour l'église, etc., etc.; qu'il est donc juste que cette paroisse en agisse de même vis-à-vis Saint-Pierre. L'on demandait d'être aidé pour la construction de l'église, l'achat d'un terrain pour son emplacement; d'un autre terrain pour cimetière; indemnité de 1.100 francs au curé Puyou qui avait fait commencer l'église au milieu de la place; enfin, pour autres dépenses indispensables. Mais la municipalité répondit que, chargée de fortes dettes, la ville ne pouvait en ce moment leur donner satisfaction, qu'elle prendrait cependant les dispositions nécessaires pour leur venir en aide.

. . . .

En mai 1669, le quartier des Bordes était exploité par une bande de voleurs qui pillaient les jardins notamment et les maisons quand les habitants étaient absents ou quand ils pouvaient ne pas s'en apercevoir. Si quelqu'un possédait un chien de garde, on le lui tuait. La municipalité s'émut de ces faits qui se renouvelaient souvent et fit procéder à de sérieuses recherches pour découvrir les coupables. En attendant, elle les fit frapper des *censures ecclésiastiques* par les églises de Sainte-Croix et de Saint-Pierre.

. . . .

En septembre 1670, par l'intermédiaire du sieur de Lostal, jurat, les protestants sollicitent du corps de ville un secours en argent pour des réparations à leur temple. Ils justifient leur demande par la raison qu'ils sont citoyens de la ville au même titre que les catholiques, qui tirent de la caisse commune de quoi faire réparer et entretenir leurs églises. Le corps de ville refusa satisfaction aux protestants.

. . . .

En l'assemblée du 18 juillet 1672, suivant deux lettres de cachet adressées par le roi à l'évêque d'Oloron, un *Te Deum* fut chanté dans notre église de Sainte-Croix à l'occasion de la naissance du duc d'Anjou et la conquête de quatre villes le 24 juillet en présence du corps de ville.

. . . .

Par ordonnance royale du 7 mars 1673, transmise par l'intermédiaire du premier Président, la municipalité reçut l'ordre de procéder à l'arrestation de tous vaurriens, voleurs, etc.

. . . .

En février 1675, le sol de la place Saint-Pierre se trouvant à l'état brut, le corps de ville employa pour le niveler convenablement un certain nombre d'ouvriers pauvres.

. . . .

A cette époque, l'on avait défendu la mendicité en ville aux pauvres étrangers en même temps qu'on empêchait ceux de la ville d'aller mendier ailleurs.

. . . .

Les fors et privilèges béarnais exemptaient de tout temps les habitants de la ville de tout péage, pontage, leude et gabelle. Cette exemption avait été reconnue, depuis Henri IV, par Louis XIII et Louis XIV, qui avaient juré le maintient des privilèges du Béarn. Néanmoins, en 1675 et depuis quelque temps, les divers fermiers des dits droits s'unirent pour les rétablir et les faire payer aux habitants, en dépit des dits privilèges, ce qui portait un grand trouble dans les affaires commerciales et produisait des conséquences regrettables. Le corps de ville se hâta de députer un de ses membres, le sieur Thomas, auprès de l'intendance de la province, qui lui donna satisfaction en maintenant les anciennes coutumes.

. . . .

Le 11 novembre 1675, renouvellement du corps de ville. Les catholiques décidèrent d'exclure du conseil les jurats et les députés appartenant à la religion réformée. Ceux-ci protestèrent, disant que la volonté du roy était que les protestants, concourant, comme les catholiques, aux charges de la ville, il était juste qu'ils fissent partie de l'administration. Malgré leurs protestations, ils furent remplacés par des catholiques.

7 juin 1676. — Feu de joie à l'occasion de la prise de Condé et de Bourbon. Le juge, le sieur de Labaig, émet la prétention d'allumer le bûcher. La municipalité lui conteste ce droit, l'y autorise toutefois en faisant les réserves pour ne pas créer un précédent. Elle fera juger par le Parlement.

. . . .

En août 1676, le corps de ville fut avisé que la maladie épidémique existait et se manifestait en plusieurs localités de l'Aragon. L'on défendit immédiatement aux divers négociants de la ville de recevoir des marchandises d'Espagne sans être accompagnées du « passeport de santé » à peine de 500 livres d'amende.

. . . .

Assemblée 7 septembre 1676. — En présence de la négligence des jurats et députés de se rendre aux assemblées, il fut décidé que les membres qui manqueront sans excuse légitime paieront *un real* pour les pauvres. Les gardes (trésoriers) feront trois jours d'emprisonnement.

. . . .

4 janvier 1677. — L'assemblée décida que, pour accélérer et vider les affaires que la ville avait à faire juger à Pau, il serait à propos de faire un présent à Monsieur le premier président. A cet effet, les gardes furent chargés de retirer de chez M. Pierre de Florence un *bout* de vin blancq qu'il a offert au corps de ville, et lui payeront 31 livres 10 sols pour raison d'iceluy. Et en outre ils donnèrent jusqu'à 45 livres pour être employés à augmenter le présent faisable au dit seigneur premier président, soit en confitures, oranges ou autres choses.

. . . .

25 janvier 1677. — Les pères Jésuites, disant exercer à Oloron un service public, demandèrent au corps de ville d'être exemptés de payer ni impôts, ni tailles. Le corps de ville ne leur reconnaissant aucun droit à cette exemption, ils proposèrent de lui céder dans leur prairie de Hambeü le terrain nécessaire à l'élargissement du chemin qui mène au pont de Bidos, moyennant que l'exemption demandée leur sera accordée tant qu'ils resteront propriétaires du dit domaine (*rural*). Les Jésuites acceptèrent.

. . . .

Par le testament du 1er juillet 1648, le curé de Sainte-Croix légua en faveur de l'église de Sainte-Croix une

[illegible] est à douze lieuës d'Audaye. [illegible]

ETAT MAJOR. [illegible]

86

NAVARREINS, à 168. lieuës de Paris.

VILLE forte dans le Bearn, située à 43 degrez 19 minutes de latitude, & à 16 degrez 49 minutes de longitude. Elle fut fondée par Henry I. Roy de Navarre, & Souverain Seigneur de Bearn, pour luy servir de Frontiere. Cette Ville est à six lieuës de Pau sa Capitale, fortifiée d'un bon Château à cinq Bastions Royaux, revêtue d'une belle muraille. Elle est à onze lieuës de Saint Jean Pied-de-Port.

ETAT MAJOR.

Non complet { Gouverneur. Vil. & Chât. 1 — Lieutenant de Roy. Vil. & Chât. 1 — Major. Vil. & Château. 1 } 3 Officiers.
Aumônier. Château. 1

87

OLERON, à 172. lieuës de Paris.

VILLE forte dans la Principauté de Bearn, située au pied des Monts Pyrenées, à 43 degrez 10 minutes de latitude, & à 16 degrez 55 minutes de longitude. Elle est à quatre lieuës de Pau sa Capitale, & Frontiere de la haute Navarre, & de l'Arragon sur la Riviere du Gave, avec Titre d'Evesché Suffragant d'Auch. Le Comte Loup [illegible] la fit bâtir en 1080. Cette Ville est sur une hauteur avec son ancienne Tour, Saint Grat en étoit Evêque en 506. Il se qualifie premier Baron de Bearn. Cette Ville est à six lieuës de Navarreins.

ETAT MAJOR.

Non complet { Gouverneur. Vil. 1 — Major. Vil. 1 — Ayde-Major. Vil. 1 } 3 Officiers.

86

LOURDE, à 161. lieuës de Paris.

[illegible] en Gascogne, située dans le Bigorre, à l'entrée de [illegible] sur le Gave de Pau, Capitale de Bearn, à sept lieuës [illegible]

Pl. XVIII. — Bibliothèque de la Ville d'Oloron.

somme de 100 francs pour, avec l'intérêt, la faire nettoyer, murailles et voûte, deux fois par an, la veille de Pâques et de Noël.

. . . .

En 1678, il fut fortement question, afin de faciliter les relations des deux villes d'Oloron et de Sainte-Marie, de construire un pont sur le gave d'Aspe au fond de la rue Malarode. Mais il se produisit une forte opposition à ce projet. Ce pont était demandé par l'évêque et son entourage ainsi qu'une partie de la population des quartiers d'en bas et de Sainte-Marie.

. . . .

1680. — Le sieur de Florence se trouvant en l'église de Soeix, en même temps que le sieur d'Arros, le pain bénit lui fut présenté avant qu'à d'Arros. Celui-ci s'en formalisa grandement et porta l'affaire devant la juridiction compétente. Les jurats d'Oloron, assemblés, jugèrent que l'église de Soeix, tenant de la ville d'Oloron, les honneurs étaient dus aux jurats de cette ville à l'esclusion des notabilités étrangères et chargèrent le dit sieur de Florence de soutenir contre les prétentions de d'Arros.

. . . .

1682. — La paroisse de Sainte-Croix n'avait pas de presbytère. La municipalité fit achat d'une maison de M. Prat, jurat, pour la somme de 2.000 francs, pour remplacer une vieille maison qui en servait.

. . . .

1683. — L'on fit une fontaine à la place Marcadet, où l'on fit venir l'eau du jardin des Capucins : l'on fit des recherches nouvelles afin d'en augmenter le débit aux frais de la ville.

. . . .

10 juillet 1684. — Les habitants d'Oloron avaient droit de chasse dans l'étendue de la chaussée, et le duc de Gramont, qui leur reconnaissait ce droit, avait fait défense de les troubler dans leur exercice. Cependant quelques petits seigneurs *circonvoisins,* qui en étaient jaloux, travaillaient au sein du Parlement pour leur créer des empêchements. Les Oloronais cherchèrent alors à faire rendre un arrêt pour mettre fin aux intrigues de ces seigneurs.

. . . .

En 1684, un conflit s'éleva entre la municipalité et le sieur Labaig, juge du sénéchal, qui prétendait avoir le droit, réservé depuis toujours aux jurats, d'allumer les feux de joie à l'occasion de certaines fêtes nationales : Victoires de nos armées, etc. La question fut portée à la conaissance du roy et de son conseil. La ville chargea par procuration en forme M. Bambalère, curé d'Arudy, qui se trouvait à Paris, de poursuivre cette affaire.

. . . .

En 1684 (30 octobre), les Etats devant se tenir à Orthez, les jurats Bonneton et Bordelongue furent nommés pour y représenter la ville d'Oloron. Le sieur de Lample, se disant seigneur direct d'Arros, manifesta l'intention de s'y présenter en cette qualité ; mais la ville s'y opposa, lui contestant ce titre qui appartenait à la ville qui en avait la justice et la police au nom du roi. Les députés d'Oloron reçurent donc l'ordre d'empêcher le sieur Lample, dont le contrat d'acquisition n'avait pas même été insinué.

. . . .

Les jurats d'Oloron exerçaient la justice et la police dans la commune d'Arros, ainsi que dans certaines communes des environs (du Parsan).

. . . .

En 1684, M. du Bon, intendant de la province, par une ordonnance, avait établi en Béarn un poids public où les habitants et les étrangers devaient faire peser leurs marchandises, contrairement au for de la ville établi par Centulle IV, et maintenu et respecté par tous les souverains de Béarn par serment ; les Oloronais en appelèrent au roi Louis XIV, qui annula la dite ordonnance, en date du 30 décembre 1684, qui remit les choses comme devant.

. . . .

Chemin Bitette allant à Bidos, la prairie appartenait

au sieur de Monic ayant été acquise du sieur de Supervielle. Les maisons du bout de ce chemin du côté de la place, les bordes, étaient les maisons de Florence et de Casemajor.

. . . .

Par arrêt du Conseil du roy, rendu à Versailles le 4 du mois de février 1685, signifié aux jurats d'Oloron, par l'intendant Foucault, le 27 du même mois, la démolition du temple des protestants fut ordonnée. Cette démolition devait être faite par les protestants eux-mêmes ou par les jurats aux frais des premiers. Procès-verbal devait en être dressé avec inventaire des matériaux adressé à l'intendant.

. . . .

En juillet 1685 eut lieu la conversion au catholicisme de 96 familles de protestants, à la grande gloire de Louis-le-Grand, de l'intendant Foucault et de l'évêque d'Oloron, M. de Salettes, qui autorisa une procession annuelle le 1er juillet de chaque année en commémoration. A la suite de cette conversion, une mission fut faite pour l'instruction des convertis qui dura 26 jours.

. . . .

En 1688 (Mars 1er). — Le sieur d'Aret, subdélégué de l'intendant, conseiller et procureur du roy, fait procéder, par des experts, à l'estimation et le transport des matériaux provenant de la démolition du temple.

Débris, 800 charretées de pierres, à 3 sous la charretée sur les lieux (120 livres). Plus la muraille encore debout, environ 276 charretées de pierres à 3 sols la charretée, 41 livres 8 sols; un *millié* et demi de briques, 11 livres 5 sols.

. . . .

32 couples de chevrons, de 50 coudées chacun à 2 liards 1/2 chaque coudée, 50 livres, et une poutre de 20 coudées de longueur, valant 6 livres, le tout revenant ensemble à la somme de 228 livres 13 sols. Dressé une déclaration remise aux mains du dit sieur d'Aret, qui ordonna de faire transporter les dits matériaux autour de l'Eglise Saint-Pierre et ailleurs. Convocation des paysans du Begaraux pour faire ces transports.

. . . .

En 1688, la tour de Grède appartenait à M. de Navailles, marié avec Mlle de Forbet. La municipalité s'étant aperçue que des pierres, en assez grand nombre, se détachaient ou menaçaient de se détacher de son sommet, au risque de tomber sur les passants, avertirent M. de Navailles et le prièrent de faire le nécessaire afin de prévenir les accidents. Il ne voulut rien faire d'expertise qui fût ordonnée par le corps. Cependant après expertise, il fut convenu que la tour serait abaissée jusqu'au cordon de pierre encastré dans la muraille. Le sieur de Navailles ne trouva entrepreneur pour les 18 escuts qu'il offrait ; avec les matériaux, on voulait 35 escuts. La ville ajouta 40 francs.

. . . .

Assemblée du 30 décembre 1688. — Le juge du sénéchal, le sieur de Labaig, au nom de M. Feydeau, intendant de la province, communiqua au corps de ville une ordonnance royale par laquelle il était défendu désormais d'élire jurats les protestants, même convertis. Ils devaient être désormais tous des catholiques anciens ; ainsi, à partir de 1689 ou 1690, les élections devaient se faire dans ce sens. En 1688, un nouveau converti, le sieur de Colast, qui n'habitait plus Oloron, fut remplacé par élections aussitôt par le sieur André de Tauziet, avocat, les électeurs ayant juré sur le *Te Igitur* et la croix de n'obéir à aucune pression ni intrigue.

. . . .

Les jurats, pour les cérémonies, revêtaient un chaperon en drap fin rouge, posé sur l'épaule, sur un manteau.

. . . .

13 juillet 1689. — Par suite de la guerre avec l'Espagne, le commerce d'Oloron avec la province d'Aragon avait été interrompu. La paix faite, le Vice-roi d'Aragon ordonna la reprise des affaires, et les négociants d'Oloron, par l'intermédiaire du corps de ville, firent

demander à M. de Gramont, gouverneur du Béarn, l'autorisation de reprendre ces relations.

. . . .

La caisse des pauvres se trouvait parfois vide. Le caissier était obligé, dans ce cas, de demander au corps de ville de venir à son secours, afin de soulager les misères, selon l'habitude. Celui-ci fournissait alors de la caisse communale, qui, elle-même, se trouvait souvent à sec, des petites sommes de 200 à 300 francs.

. . . .

Conseil du roi. — En 1690, les fermiers du domaine obtinrent d'établir en Béarn la banalité des moulins. Aussitôt, les propriétaires des nombreux moulins existant sur le territoire de la ville se joignirent au corps de ville pour protester contre cette mesure, qui atteignait les droits et les privilèges accordés aux Oloronais par les fors; de là procès auprès du Conseil.

. . . .

A l'occasion de la victoire remportée en Flandre par Mgr le maréchal de Luxembourg sur l'armée du prince de Waldec, il fut dressé à la place Saint-Pierre, le 2 août 1690, à 1 heure après-midi, après vêpres, un bûcher pour faire un feu de joie, où la bourgeoisie *en armes est convoquée* avec les habitants. A peine d'une *ley Mayour*, la garde est tenue d'y assister.

. . . .

Le 15 du même mois, nouveau feu de joie pour célébrer la victoire navale remportée par la marine de S. M.; on devait tirer les fauconnaux.

. . . .

30 juillet 1691. — Pour mettre fin au procès au sujet de la banalité des moulins à Oloron, le fermier du domaine proposa au corps de ville d'abandonner ses prétentions, à la condition que les propriétaires des moulins consentent à payer à perpétuité un fief de 2.000 livres et de l'indemniser de ce qu'il a déjà payé ainsi que des frais qu'il a faits pour ce procès. Une assemblée extraordinaire des jurats, députés et notables décida de continuer plutôt le procès, dussent-ils le perdre, que de céder à cette exigence.

. . . .

Vers la fin de l'année 1691, le duc de Gramont, gouverneur de la province, par une ordonnance, interdit dans toute la sénéchaussée d'Oloron le droit de chasse dont les habitants jouissaient depuis un temps immémorial par privilèges des souverains de Béarn et nommait comme gardes les sieurs de Lurbe et de Gurmençon. Le corps de ville, assemblé le 8 septembre 1691, délégua les sieurs de Lailhacar et Capdeville, jurats et avocats, auprès du duc de Gramont pour le prier de révoquer son ordonnance; en vertu des privilèges et droits consacrés par ordonnance royale, et défen-

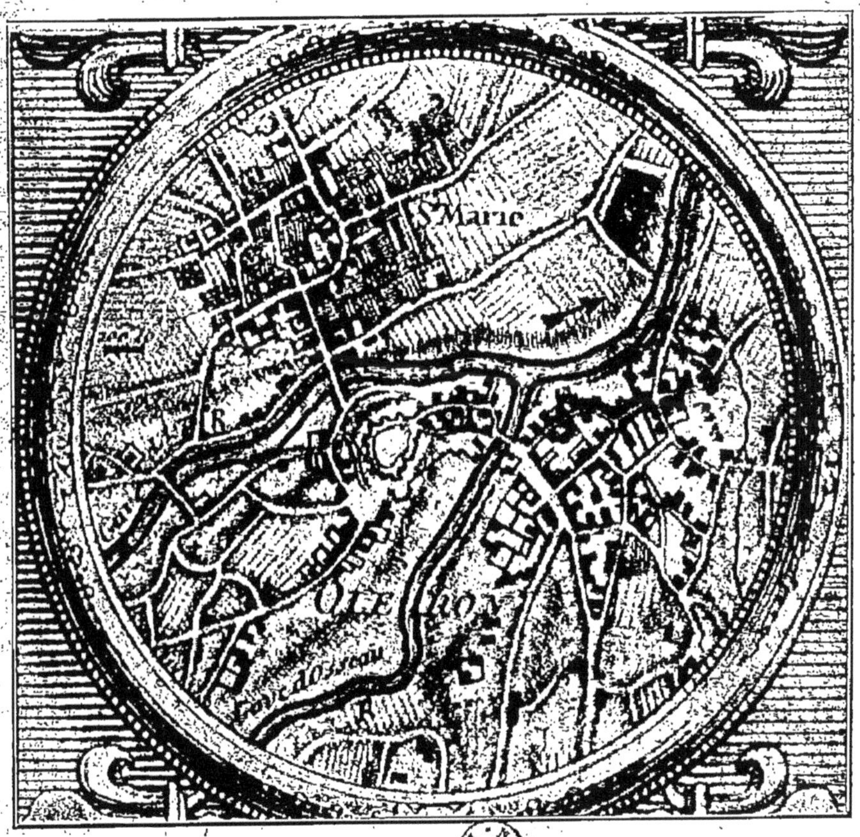

Pl. XIX. — Plan de la ville forte d'Oloron sous Louis XIV.

dre aux sieurs dits gardes de poursuivre les chasseurs d'Oloron. Le seigneur gouverneur fit droit à la requête du corps de ville : il révoqua son ordonnance et maintint les bourgeois d'Oloron dans leurs droits et privilèges, dont ils jouissaient depuis des siècles.

. . . .

A chaque renouvellement de corps de ville, les électeurs juraient sur le *Te Igitur* et S. Croix d'élire, sans se laisser influencer par aucune intrigue, des *hommes propres pour la conservation des intérêts de la communauté.* A l'occasion de l'élection du 11 novembre 1691, le gouverneur, M. de Gramont, par une lettre du 8 du même mois, témoigna le désir que le sieur de Casedepats fût élu premier jurat, que le service du roi y avait de l'intérêt. Le corps obtempéra à ce désir, tout en priant le seigneur gouverneur qu'à l'avenir il voulut bien ne plus intervenir et laisser aux corps et aux électeurs toute leur liberté.

. . . .

En Novembre 1700 : Un Durègno Curé de Goués, un autre jurat 1701.

. . . .

1701. — Feu de joie à l'occasion de la Saint-Jean, 50 hommes sous les armes pour maintenir l'ordre. Les rues rendues bien nettes.

. . . .

Avril 1701. — Inventaire des papiers du Consistoire dressé par le sieur Renoir moyennant 5 escuts. Que sont devenus ces papiers ?

. . . .

En 1701, il était défendu de couper de la fougère en deçà de l'*aberou,* jusqu'au lendemain de Saint-Michel, et au delà du même ruisseau jusqu'au lendemain de Saint-Luc, ainsi que de secouer et abattre du gland.

. . . .

La ville payait le blanchissage du linge de l'église de Sainte-Croix, à raison de 16 francs par an, et celui de l'église de Saint-Pierre, 12 francs par an, sans préjudice de répéter la dépense sur M. l'évêque et son chapitre. Les gros décimateurs étaient astreints aux dépenses.

. . . .

En 1701, on reprit, dans les églises, les quêtes, abandonnées depuis longtemps, en faveur des captifs, et l'on remit les fonds aux pères de la Merci, pour obtenir la délivrance de deux jeunes hommes de bonnes familles d'Oloron.

. . . .

A la fin de 1701, une ordonnance royale prescrivit la levée, parmi la classe des marchands et artisans, d'un certain nombre d'hommes pour l'infanterie de l'armée.

. . . .

Le 6 août 1702, le marquis de Lons, intendant de la province, adressa au corps de ville, pour être publiée, la déclaration de guerre que le roi avait envoyée à l'empereur, à l'Angleterre, à la Hollande et autres princes.

. . . .

Le corps de ville contre l'évêque et le chapitre au sujet de l'entretien des choses nécessaires au service du culte (7 septembre 1702, f° 76, B. B. 6).

. . . .

En janvier 1703, il fut publié, par les soins du corps de ville, une ordonnance royale de 1688 faisant défense aux convertis de la R. P. R. de retenir chez eux ni armes offensives ni aucune munition ; s'ils en possèdent, il leur est ordonné de les remettre en mains des autorités, sous peine d'être arrêtés et d'être conduits en chaîne aux galères de S. M. Il était fait une exception en faveur des gentilshommes, à qui il était permis de posséder 2 épées, 2 fusils et 2 paires de pistolets, avec 6 livres de poudre et même quantité de plombs, sans dépasser, à peine d'une amende de 3.000 livres au profit de l'hôpital et la prison jusqu'au paiement de cette somme.

. . . .

1703 (3 février). — M. Duplaà, maire d'Oloron. Une ordonnance royale nomma Gratian de Lostal lieutenant de maire.

. . . .

12 octobre 1703. — Feu de joie, à la place Saint-Pierre, à l'occasion de la prise de Brisach.

. . . .

21 décembre 1703. — Autre feu de joie pour la bataille de Spire et la reddition de *Landau*.

. . . .

En septembre 1703. — Une déclaration du roi portant défense aux maires, échevins, syndics, jurats et consuls des communautés d'intenter aucune action, commencer aucun procès, tant en cause principale que d'appel, ni faire aucune députation au nom des communautés, sous quelque prétexte que ce soit, sans avoir obtenu le consentement des habitants dans une assemblée générale (Fontainebleau, 2 octobre 1703).

. . . .

Janvier 1704. — Feu de joie pour la prise d'Audsbourg.

. . . .

Mars 1704. — Le sieur de Campagne voulait le chemin qui de la rue Matachot mène au gave. La municipalité intervint pour dire que ce chemin était public, propriété de la communauté.

. . . .

19 juillet 1704. — Feu de joie à l'occasion de la naissance du duc de Bretagne : « Et comme il est impor-

tant de donner des marques publiques de reconnaissance et remercier Dieu de la bénédiction qu'il répand sur le royaume, il a été arrêté que les gardes feront dresser un feu de joie qui sera allumé à l'issue des vêpres et enjoint à tous les habitants de mettre des chandelles allumées à leurs fenêtres depuis l'entrée de la nuit jusqu'à onze heures à peine de dix livres contre chaque contrevenant. Les gardes fourniront les choses nécessaires. »

. . . .

Oloron. Imprimerie C. Marque, 22, rue Chanzy. — 1928.

www.ingramcontent.com/pod-product-compliance
Ingram Content Group UK Ltd.
Pitfield, Milton Keynes, MK11 3LW, UK
UKHW022112260726
13993UKWH00001B/469